PSYCHOLOGY OF
SPEECH

说话心理学

情商高其实就是会说话

高山 编

北京燕山出版社
BEIJING YANSHAN PRESS

图书在版编目（CIP）数据

说话心理学 / 高山编 . -- 北京：北京燕山出版社，
2018.6（2020.4 重印）
ISBN 978-7-5402-5173-4

Ⅰ . ①说… Ⅱ . ①高… Ⅲ . ①心理交往－语言艺术－
通俗读物 Ⅳ . ① C912.11-49

中国版本图书馆 CIP 数据核字（2018）第 125754 号

说话心理学

编　者	高　山	
责任编辑	贾　勇　王　迪	
封面设计	余　微	
责任校对	石　英	
出版发行	北京燕山出版社有限公司	
社　址	北京市丰台区东铁营苇子坑路 138 号	
电　话	010-65240430	
邮　编	100078	
印　刷	北京德富泰印务有限公司	
开　本	880mm×1230mm　1/32	
字　数	150 千字	
印　张	5	
版　次	2018 年 7 月第 1 版	
印　次	2020 年 4 月第 5 次印刷	
定　价	35.00 元	

美国成功学大师戴尔·卡耐基说:"当今社会,一个人的成功,仅仅有15%取决于技术知识,而其余85%则取决于人际关系及有效说话等软本领。"

人生之中,从求职到升迁、从应酬到交友、从交谈到说服,无不需要说话的能力。话说得好,小则可以讨人喜欢,受人欢迎,大则可以保身,成就大事业;而话如果说得不好,小则会树敌,大则会让你的工作业绩毫无起色,有可能会备受同事、领导的冷落,让你的事业举步维艰。可以说,一个人如果掌握了沟通技巧就等于掌握了一张成功的王牌,使自己拥有了一个美好非凡的前程!反之,一个人如果没有良好的口才,就等于给自己的人生树立了一道无形的障碍。

说话看似很简单,但是要说出有水平,容易被人理解、接受的话则不能不懂说话的心理学。说话的根本目的在于表达和沟通,懂不懂说话的心理学,表达和沟通的效果将大相径庭。一个会说话的人,遇见陌生人时,知道如何说话能跟对方达成一种"一见如故"的默契;和同事共事时,知道如何说话能得到大家的欢迎;拜访客户时,知道如何说话能赢得客户的心,从而使他决定购买你的产品;跟恋人或朋友说话时,知道怎样给对方带来乐趣,加深彼此间的感情……而那些不会说话的人,往往言不达意,说出很多废话,不能与别人进行有效的沟通,

1

不仅会坐失良机，也很难在事业上有出人头地的发展，若出言不当还会让自己四面楚歌。真所谓"一句话能把人说得笑，一句话也能把人说得跳"。同样是说话，为什么会有如此大的区别呢？这其中的关键就在于前者在谈话时能够运用各种说话心理学的技巧，把话说到别人的心窝里，从而成功地赢得了人们的信任和喜爱；而后者却不懂得运用说话的心理学，导致说话不得体而失去人心。所以，说话是一种技巧，更是一门艺术。一句恰到好处的话，可以改变一个人的命运，一句言不得体的话，可以毁掉一个人的一生。

在日常生活中，会说话的人，总可以流利地表达出自己的意图，也能够把道理说得很清楚、动听，使别人很乐意地接受。有时候还可以立刻从问答中测定对方言语的意图，并从对方的谈话中得到启示，跟对方建立良好的友谊。不会说话的人，不能完全地表达出自己的意图，往往会使对方费神去听，而又不能使他信服地接受。

本书是一本有关说话心理学与说话技巧的通俗读物，从说话时的面部表情、如何赞美他人、倾听的学问、微笑心理学、如何说服别人、如何拒绝、批评别人的尺度等十一个主题入手，为读者提供了丰富实用的说话心理学技巧，辅以大量生动案例，使读者在增长知识的同时，提高自己的语言的表达能力。

第一章

察言观色，说话时的面部表情心理学 // 1

通过面部表情洞穿人心 // 2

厌恶情绪下的心理内涵 // 4

悲伤情绪的反应 // 6

喜悦情绪下人的心理 // 8

不同表情不同心理 // 11

第二章

真诚赞美，用语言攻破对方的心理学 // 13

用赞美提升你的说话效果 // 14

赞美别人，并不一定要有回报 // 16

背后称赞，比当面赞美更有效 // 17

恰到好处的赞美，奥妙无穷 // 19

在不同的场合，要用不同的恭维方法 // 21

第三章

认真聆听，让他人吐露心声的心理学 // 25

真正的说话技巧不仅是会说，还要会听 // 26

耐心听别人把话说完 // 28

闭上嘴巴，获得威望 // 31

不做无谓的争辩 // 33

一言既出，驷马难追 // 37

第四章

相逢一笑，微笑背后的心理学 // 41

一个浅浅的微笑，却包含了一切美好的力量 // 42

善于微笑的人，更能给人留下好印象 // 44

一个人的笑声，可以反映出一个人的性格特征 // 47

通过笑容和笑姿势看人 // 49

开怀大笑的内心世界 // 52

第五章

善解人意，委婉拒绝的心理学 // 55

明确直言的拒绝，会令对方感到尴尬 // 56

为了不伤和气，拒绝别人要有艺术 // 58

适时拒绝，可以缓解心理压力 // 61

拒绝不得法，会使人感到不满 // 63

笑着拒绝，不需要理由 // 66

第六章

审时度势，知己知彼的心理学 // 71

说话不要模棱两可 // 72

乱开玩笑会惹人反感 // 73

旧瓶装新酒，说话要有点新意 // 74

趋利避害，说话的时候要学会岔开不利话题 // 76

能把话说到刀刃上，才是真本事 // 78

第七章

动之以情，轻松说服他人的心理学 // 81

唤醒对方角色心理 // 82

不掌握技巧，说服就难以达到效果 // 84

掌握层递渐进，不必急于求成 // 88

设身处地替别人着想，了解别人的态度 // 91

诱导，让你的说服更有效 // 94

第八章

沉默是金，三思而行背后的心理学 // 97

在发表意见前，多想办法，少做主张 // 98

说话如写电报，言辞在精而不在多 // 100

安静、专心地倾听会产生强大的魔力 // 103

了解别人太多的私事，不是好事 // 105

不要什么时候说话都大倒苦水 // 107

第九章

幽默谈吐，用智慧感化对方的心理学 // 111

富有幽默感的人一定充满活力 // 112

幽默、开玩笑要有一定的尺度 // 115

说话要别出心裁，才能真正打动人心 // 117

幽默也要有品位，反则弄巧成拙 // 119

幽默运用得恰如其分，效果更佳 // 121

第十章

把握尺度，批评他人的心理学 // 125

根据不同对象采取不同的方法 // 126

启发批评者思考，能增进相互间的感情交流 // 128

不说别人的坏话，只说别人的好处 // 132

批评要留有余地，否则朋友离你越来越远 // 134

第十一章

亲疏有度，厚黑说话背后的心理学 // 139

借助别人的力量，做自己的事 // 140

爱屋及乌，说话办事更有效 // 142

内外有别，说话办事要有尺度 // 144

察言观色，说话时的面部
表情心理学

通过面部表情洞穿人心

在文学作品里，有很多善于从对方身上的细微之处来获取信息的人物，其中最有名且最具代表性的，当属大侦探福尔摩斯。《血字的研究》是《福尔摩斯探案集》中的第一个案子。在书的开篇，福尔摩斯就远远地指着一个送信人道："他是个退伍的海军陆战队的军曹。"当华生证实了送信人的身份后，对福尔摩斯惊人的判断力惊讶不已。但这位著名的侦探淡淡地说："我隔着一条街就看见这个人手背上刺着一只蓝色大锚，这是海员的特征。况且他的举止又颇有军人气概，留着军人式的络腮胡子，因此，我们就可以说，他是个海军陆战队员。他的态度有些自高自大，而且带有一些发号施令的神气……根据这些情况，我就相信他当过军曹。"

在《福尔摩斯探案集》中，这个大侦探不止一次地展示自己惊人的观察力。他曾经对助手华生说："你是在看，而我是在观察，这有很明显的差别。"不错，同样是看，但同一对象能给观看者提供不同的信息。这一方面是天赋，但更关键的是要靠后天的学习和对人体行为的了解。在这里，就向大家介绍一些通过人体外部特征来识人的方法。

人与人见面时，最先注意对方的器官就是面孔，而面孔是通过表情来传递信息的。一个没有经过任何训练的小孩子画一个人的时候，一定会先画出这个人的脸。如果让幼儿按照自己的想象力画外星人，虽然最后的结果可能奇形怪状，但这个"怪物"一定少不了头，即便没有头，也会有其他部位来替代面孔。的确，再没有什么比人的面部表情更能透露内心想法的部位了。关于人类表情的来源，自从达尔文的进化论诞生之日起，就有了表情是进化来的还是受文化影响而产生的争论。

保罗·艾克曼，是美国著名的心理学家，主要研究脸部表情辨识、情绪与人际欺骗。1991 年获美国心理学会颁发的杰出科学贡献奖。在 40 年研究生涯中，他曾研究新几内亚部落民族、精神分裂病人、间谍、连续杀人犯和职业杀手的面容。FBI、中情局、警察、反恐怖小组等政府机构，甚至动画工作室也常常请他当情绪表情的顾问。在 20 世纪 60 年代，艾克曼曾经把一些白种人的照片带到新几内亚一个与世隔绝的部落。当这些土著人看到照片时，准确无误地指出了照片上人物的表情和心情。通过多年对东西方不同人种的追踪调查，艾克曼证实人类有六种与生俱来的基础表情：喜悦、悲伤、恐惧、愤怒、厌恶和惊讶。

喜悦：笑容被称为基础表情里的基础表情。笑容涉及的部位主要包括眼睛、嘴和脸颊。人们高兴时，嘴角会翘起，面颊上抬起皱，眼睑收缩，眼睛尾部会形成"鱼尾纹"。如果是大笑，还会产生从唇角外部一直向上延伸至鼻翼的笑纹。

悲伤：嘴是最能表露悲伤情绪的器官。当一个人伤心难过时，嘴角下垂，下巴抬起或收紧，同时会出现眯眼、眉毛收紧、眉端上扬的表情。双眉之间，鼻根及双眼会呈现出一个三角形。

恐惧：害怕时，双唇会紧紧地向后拉伸，眼睛张开，瞳孔收缩，眼白增多，下眼睑紧绷，眉毛上扬，鼻孔张大。

愤怒：这时眉毛下垂并向内紧缩，眼神冷酷严峻好像突出来一样，前额紧皱，眼睑和嘴唇紧张。

厌恶：厌恶的表情主要反映在人的眼睛里面，眼睛会眯起来，其他表情包括嗤鼻，上嘴唇上抬或者下嘴唇下拉，眉毛下垂。

惊讶：惊讶时，下颚下垂，嘴唇和嘴巴放松，眼睛睁大，眼睑和眉毛微抬，额头的皱纹会形成波状并横向分布在额头。

通过一个人的面部表情可以看穿一个人的心理，因为每个表情的后面都隐藏着对方的学识修养和生活经历。观察一个人的表情，不是简单指对方的相貌，更多的是变化。而表情既包括静态，还包括动态。艾克曼的另一项研究表明，有些一闪而过的表情，即"微表情"，常常在别人毫无思想准备时，就迅速从其眼皮子下溜走。"微表情"最短只持续 1/25 秒，虽然这个下意识的表情可能只持续一瞬间，但人的情绪很可能就是在这一瞬间暴露给对方。一些破获刑事案件或恐怖行动的专家就是通过对方转瞬即逝的"微表情"来获取信息的。

　　研究人类表情是一门复杂的学问，通过系统专业的学习，可以有效地识别面前的人，不仅如此，还可以提升自己的魅力，掩饰自己的情绪。

厌恶情绪下的心理内涵

　　达尔文在《人类和动物的表情》中提到，厌恶是一种极其特殊的感觉，这些都是由于某种可厌的事物引起的。人的表象系统一旦接收到自身厌恶的事物，就会产生"阻断"，力求不看、不听、不闻等对当前事物反感的行为。

　　当一个人面对讨厌的人或事物时，身体会出现呕吐的类似反应。而厌恶的表情就是源自呕吐的行为。为了把嘴张到最大，除了下颚向下打开之外，人还会本能地提升上唇。提升上唇会用到提上唇肌和上唇鼻翼提肌两束肌肉。需要注意的是，这两束肌肉不能单独运动某一束，行动总是"步调一致"。两者的不同之处在于，提上唇肌更容易控制，而位于鼻梁两侧的上唇鼻翼提肌则通常由强烈的情绪自发控制。因此，在特别强烈的厌恶表情中，上唇鼻翼提肌会起到主导作用；在普通程度的厌恶表情中，提上唇肌起主导作用。

　　达尔文在书中还提到"因为厌恶的感觉最初联系到吃食或者尝味的动作而发生，所以这种表情应当主要是由嘴的周围肌肉的动作所构成"。通过达尔文的描述了解到，上唇的上升，是为了把难吃的食物吐出来或呕吐出来，所以上唇上升是厌恶中本能的反应。当牙齿不动、下唇没有上推的时候，上唇上升会使上排的牙齿露出，这是判断上唇有没有上升的好依据。

除了张嘴，呕吐动作还会引起一个本能的联动反应——闭眼。闭眼需要眼轮匝肌收缩，与隆起的脸颊共同挤压眼睑，从而造成强烈闭眼动作，形成下眼睑下方的弧线纹路。眼轮匝肌的收缩，一方面可以避免因呕吐而造成的内压升高伤害眼球的情况，另一方面也可以在一定程度上减少刺激源带来的负面视觉刺激。需要注意的是，眼轮匝肌的收缩，不是刻意的动作，而是呕吐时的自然反应。这些由呕吐动作的生理需求调动的肌肉运动，最终形成了厌恶的表情。当一个人极度厌恶的时候，会在呕吐的原始表情基础上，紧紧闭上嘴唇，眼睛和眉毛则保持原状。这个表情仿佛是闻到了什么让人恶心且不断逼近的臭味。闭眼、皱鼻、合唇，以便禁止一切负面的信息进入身体。

每种不同程度的厌恶，都会有不一样的表情。随着刺激源的力度从大变小，厌恶情绪还会有不同程度的衍生。

如果刺激源的力度很大，人的反应就是厌恶到了不得不远离的地步。但与愤怒不同，强烈的厌恶并不代表有改变或消灭刺激源的欲望，单纯是极度讨厌，避免和刺激源近距离接触。

如果刺激源的力度是中等的，人的反应则是轻蔑。轻蔑总体上表达了行为人对刺激源自上而下的排斥感。虽然也是排斥，但心态轻松很多，不需要消耗很多精神来应对。

如果刺激源力度很弱，人的反应就是不屑。不屑就是完全的轻视，除了看不起之外，根本就不用花力气来加以排斥。而"不屑一顾"则表明当人的态度是不屑时，往往连看都懒得看。这是最轻微的一种厌恶衍生情绪，有时候还会和笑容连在一起，即嘲笑或冷笑。

综合上述分析，我们可以总结出厌恶情绪及其下属的三个衍生情绪的含义，那就是否定。其中既有用力的否定，也有轻松的否定。所以，应用到心理测试的过程中，如果你观察到了被测试人表现出厌恶类情绪的表情特征，如厌恶、轻蔑或者不屑，就可以直接得出结论：被测试人对刺激源的信息持否定态度，严重的拒绝接受，不严重的则懒得回应。

悲伤情绪的反应

哭是悲伤情绪的最典型反应，简单地说，就是当坏的结果发生，可又没有办法去改变境况，结果就是悲从心生，用哭来表达难过的情绪。

婴幼儿在遇到诸如饥饿、疼痛、恐惧这样的负面刺激的时候，本能的反应就是大声哭叫，因为这样可以引起大人的关注，从而保护自己。在婴儿的哭喊中，声音大是至关重要的因素，因为声音大就会有更大的可能被父母重视。

当成年人因悲伤而痛哭时，眼轮匝肌和皱眉肌的共同作用会使双眉下压，眉头间出现纵向皱纹。但额肌中部收缩，轻微向上提升眉头，整个眉形趋平，在内侧大约 1/3 处呈现出扭曲向上的眉形。需要注意的是这种扭曲的眉形也会出现在恐惧的表情中，但因为悲伤时眼轮匝肌收缩，眉毛变形的程度要比恐惧表情中更加严重，因为恐惧的表情一定要配合眼睑的睁大，而悲伤的表情则因为眼轮匝肌的收缩有闭合动作，这是二者最大的区别。

眼轮匝肌的收缩，会使眼角内侧挤压出皱纹，在眼角外侧形成鱼尾纹。眼轮匝肌收缩和部分皱眉肌收缩，共同形成紧闭的眼睛，而哭得越剧烈，眼球周围的收缩就越紧；提上唇肌收缩，在提升上唇的同时，与眼轮匝肌共同使脸颊位置提高，隆起的脸颊与下眼睑相互挤压，形成下眼睑下方的凹陷区域；颈阔肌的收缩使嘴角向两侧拉伸，使嘴的水平宽度比平常增加。

降口角肌收缩，向下拉低嘴角；降下唇肌同时收缩，将下唇整体下拉，试图露出下齿；颏肌收缩，将下嘴唇中部向上推起，并在下巴上形成表面凹凸不平的肌肉隆起。下嘴唇中部的推起将原本可以露出的部分下齿遮住，两侧嘴角处还保留向下，因此能够露出嘴角位置的下齿。下嘴唇曲线呈 W 形。这个口型是痛哭表情独有的，对于发出尖利、流畅、洪亮的声音最为适宜。

哭喊状态时的嘴比放松时的嘴的水平方向更宽，这是由颈阔肌的拉伸引发的。梯形的唇形来自上唇的提升和下唇的侧拉，嘴唇的边缘因为被绷紧而变薄。上唇的提升会造成脸颊同步提升，除了鼻唇沟外，结合降口角肌在嘴角下方形成的皱纹，还会产生一道从鼻子到下颌的纵向纹路。因为哭的动作比较复杂，所以很难伪装，而刻意做出的咧嘴动作，没有哭喊时张得大，另外，痛哭时眼睛的紧闭程度同样也是无法逼真模仿的。实际上，人在痛哭时的情绪释放会调动很大的能量，会自然形成五官之间的相互匹配，而这种协调性则是最难伪装的。

根据刺激源的不同，悲伤的程度也有不同的等级：号啕大哭、哭、抽泣、"默默无语两眼泪"、悲伤、委屈、忧伤等。在最饱满的痛哭状态下，表情形态特征很清晰，容易辨认，但在其他减弱的各个等级中，眉毛、眼睛和嘴巴可能会出现不易察觉的形态特征。

闭着嘴痛哭与标准的放声痛哭相比，闭嘴哭表现了自我抑制。除了嘴部变化明显外，额肌进一步收缩，将眉头向上提拉；皱眉肌的收缩导致眉毛向中间聚拢；眼轮匝肌收缩造成双眉下压、眼睛紧闭。闭着嘴的抽泣与闭着嘴的痛哭很相似，明显的差别仅仅在于眼睛的闭合程度和呼吸的剧烈程度。

悲伤与痛哭不同，悲伤可以持续很长时间，因为痛哭会消耗很多体能，与其相比较，悲伤的体能消耗则是"细水长流"。令人悲伤的结果已经发生，而无论怎么做都于事无补时，就只剩下了无奈。当哭泣停止后，脸部肌肉逐渐放松，脸颊不再鼓起，最早退场的是眼轮匝肌，下眼睑松弛，然后是颈阔肌，最后留在脸上的是悲伤的眉和轻微的嚓嘴。即使噘嘴的动作也消退了，变形的眉头还是会提示出悲伤的信息。

在平静的悲伤中，嘴部没有明显的形态变化。只有颏肌和降口角肌会有轻微的收缩，形成不悦的嘴唇形态。在平静的悲伤中，因为没有痉挛式的呼吸需求，所以不会出现张开的嘴部形态，更多的情况下需要通过口轮匝肌的收缩来保持嘴唇紧闭。这是无意识的克制动作。在压抑的悲伤表情中，口轮匝肌的动作幅度很小，并不会影响悲伤表情的其他形态。眼睛呈正常状态，可能略微睁大，也可能略微闭合，这一点不是平静悲伤的重点特征，眉毛则会呈现出比较独特的形态特征——没有眼轮匝肌的作用，眉毛不会有明显下压；眉头在额肌的作用下轻微上扬，但眉间又因为皱眉肌的作用有皱紧的趋势，整体出现轻微扭曲的不自然形态。

喜悦情绪下人的心理

提到喜悦，人们首先会想到一个动作，那就是笑。的确，笑是人的一种平和心态以及善良的内心表现，同时，也是体内安多芬分泌物增高的时候。人的心情处于正常状态时，在与他人交谈期间就会呈现出平和的心理作用并用微笑来展现人与人之间的善意交往。

笑容，即人们在笑的时候所呈现出的面部表情，它通常表现为脸上露出喜悦的表情，有时还会伴以口中所发出的欢喜的声音。从广义上讲，笑容是一种令人感觉愉快的，既悦已又悦人的发挥正面作用的表情，它是人际交往的一种轻松剂和润滑剂。利用笑容，人与人之间可以缩短彼此之间的心理距离，打破交际障碍，为深入的沟通与交往创造和谐、温馨的良好氛围。

对于笑的起源，科学界一直争论不休。

有的科学家认为笑是源自早期人类的摔倒。提出这个说法的科学家认为古人类在学习直立行走的早期，经常会发生摔倒的现象。每当有人摔倒，看到的人就用笑的方式来警示同伴。他们认为在喜剧中出现的笨拙行为就有早期人类的影子。

有的科学家认为笑起源于早期人类的攻击姿势。就像动物在攻击前会龇牙一样，古人类在进攻之前也是通过龇牙咧嘴的动作来震慑对方。经过千百万年的演变，这个最初用来示威的动作演化成了笑容。

还有一些古人类学家认为笑是起源于古人类捕获猎物后的欢乐心情。因为在生产力低下的蛮荒时代，一旦部落中有人捕获到猎物，整个部落的人都会兴奋不已，大家都通过大笑来彼此庆祝。

心理学家们发现：笑是人类与他人交流的最古老的方式之一，人类之所以笑是为了和别人团结一致或者嘲笑他们，要么用笑和别人交流。我们中的每一个人早在学会说话之前就掌握了这门技巧。不只是为了好玩，笑还是一种特殊的"语言"。通过笑，一个人可以向其他人传递一个信息。笑还是一种社交工具。当人独处的时候，喉部很少颤抖。哧哧地笑、轻声笑和尖声笑只有在人和其他人共处的时候才会发生。发笑的人常常中断谈话，等笑完之后才继续交谈，而发笑的人自己很少注意到。

笑容是所有表情中最复杂的，笑容种类繁多。开心的笑，是一种很复杂的生理运动。在没有刺激源的情况下，大家可以试着开心地笑一下，就知道需要调动多少肌肉运动来完成表情和呼吸了。笑，可以理解为是将心理快感转化为生理快感的一种运动。笑适用于各种社会交往情境，人们可以在没有相应情绪的情况下，轻松做出礼节性的含笑表情。所以，捕捉、过滤和分析笑容，也是难度最大的。大笑看起来是整个脸部都发生了明显的变化，变化程度之大超过了其他表情，和痛哭处于同一复杂程度。

其实，笑容的肌肉动作的"核心成本"很小，无论是普通的微笑还是开怀大笑，都只由两组肌肉主导而成。第一组是笑容专用肌肉——颧大肌。颧大肌唯一的作用就是将嘴角向两侧拉伸，主导促成了整个下半脸的全部笑容形态，其他肌肉的运动都属于参与演出的配角。第二组是眼轮匝肌。比起"行动单一"的颧大肌，眼轮匝肌可是个不折不扣的"多面手"。它在很多表情中都会"大显身手"，比如厌恶、愤怒、痛哭和蔑视。在笑容中，眼轮匝肌必不可少，如果笑容中仅有嘴部的动作，而没有眼部的动作参与其中，会使整个笑容看起来"皮笑肉不笑"。

古人曾经有言"笑一笑，十年少"，说明适时的笑，还可以健身养性。医学家们发现，许多长寿的人都有一个共同的特点：爱笑。就连我国神话中的老寿星都是一副笑容可掬的形象。人体胸肌得到扩张，加强了肺部运动。促进肺部呼吸功能和腹肌运动，收缩舒张时促进了胃液的产生，增进消化功能。增强食欲，促进新陈代谢。增加血管肌肉运动，加强血液循环，使人更有精神。较激烈的笑能让全身肌肉运动，放松身体。现代医学认为笑可以成为一种治病方式，治疗神经衰弱，消除肌肉的紧张，预防或减缓疼痛。

笑容更主要的作用是可以向其他人传达自己的信息。笑可以表达感情，在生活中，最令人愉快的表情就是脸部的笑。恐怕这个世界上从来不笑的人是不存在的。笑还可以沟通我们的思想，展示我们内心的世界。但笑的方式和种类的不同，又使我们知道笑的种种内涵。

FBI 的心理专家告诉我们，嫌疑犯也会有多种多样的笑，探员在调查、跟踪、暗访、审讯嫌疑犯的时候，发现他们的笑大多是不真诚的，除非他们自认为置身于一个安全的环境，可以高枕无忧时才会发出来自内心的笑，但这恰恰就是他们犯错误的时候。

20 世纪 80 年代末，澳大利亚海关曾经委托人类行为学家帮助他们创建一套分析系统，用来提高他们侦破走私和贩毒案件的办案效率。海关人员一直都想当然地认为人在撒谎或者面对压力时会增加微笑的频率。可出乎他们意料的是，科学家们给出了与这一结论恰恰相反的结果：人在撒谎时，反而会比平时都笑得更少，或者根本不笑。那些清白无辜的人在说真话的时候反倒会增加微笑的频率。这是因为从本质上来说，微笑植根于人们妥协与顺从的心理，因此，那些诚实清白的人会试图以真诚的微笑来平息缉私人员的心情，而出于抗拒心理，那些心怀鬼胎的人则会减少微笑以及其他肢体动作以防暴露自己。

不同表情不同心理

内心的情绪一定会有外在表现，因为这些内在的神经系统状态和外在的表现都具有重要的生理意义，不像思维那样可以纯粹地保留在大脑中而不露痕迹。

人体所有肌肉的运动，都有生理作用，脸上的肌肉运动也不例外。比如皱眉，除了可以表示愤怒、怀疑、痛苦之外，还可以间接将眼睛的上下眼睑部分闭合，影响视觉系统的信息接收方式；抿紧嘴唇，除了表示不高兴之外，还可以在喝苦药水的时候阻止本能向外吐出的欲望。也就是说，我们司空见惯的脸部表情，除了能够表达意义之外，还直接或间接地拥有生理方面的作用。

以威胁的表情为例，在前文我们知道，提升上唇露出犬齿的动作并不是人类独有的，很多野生动物在搏斗之前，都会把嘴张开，露出尖利的牙齿。而这样的面部动作，本质上就是我们所说的表情。

当然，人的表情可以表达更丰富的意思。例如，在友好会谈之前，先彼此微笑；据理力争的时候，则常见紧皱的双眉；在听说模范夫妻突然离婚的消息后，睁大眼睛表示"怎么可能"；遇到自以为是的人侃侃而谈时，会在不经意间用撇嘴一笑以示对对方的轻蔑；在发生冲突的时候怒目而视；看恐怖电影的时候，瞪大双眼；送别已逝亲人的时候，伤心的人双眼黯淡无神，为了强打精神，还得将眉头不由自主地提升。这些都是人类特有的表情。

很多人都善于观察别人的表情，对于他们所想的也能推测个大概，这些人就是掌握了表情与心理之间的关系。心情愉快时，面部的肌肉会松弛下来，而心里难过的时候，就会伤心落泪，甚至表情比言语更能明显地表达心理的动态。

在生活中，总有一些人面对喜怒哀乐的反应过于剧烈，喜怒无常的人一般来说都做事散漫，他们大多都是性格粗犷、粗心大意的人。这样的人通常都是胸无城府，率性而为，缺点就是过于天真，容易被人利用。

一直微笑地看着对方：有些人总是静静地听别人说话，并一直面带微笑地看着对方，其实这并不意味着他们赞同对方的观点，微笑通常只是掩饰其内心最得体的方法。这类人的个性通常是做事不露锋芒，不爱表露自己的真实想法，喜怒不形于色，谨小慎微，即使在复杂的人际关系中，他们也能游刃有余。

爱皱着眉头的人：听别人说话时，有类人总习惯皱着眉头，他们通常很少发表意见。其实，这并不表示他们反对发言者的言论，恰恰可能是因为他们正在仔细听对方的话，并进行深入的思考。这类人通常具有批判精神，总试图提出与众不同的意见。另外，还有些人皱眉头是因为他们对别人的发言内容不敢苟同。

咬嘴唇和舌头：习惯做这种动作的人，从性格上看，一般是胸无城府、喜怒形于色。如果听人说话时，有些人做这种动作，说明他们对别人讲话的内容不太感兴趣，或者是想发表自己的看法，但又不知道如何开口。

眼睛向下看，嘴角下垂：听别人谈话时，眼睛向下看，嘴角下垂者往往是想保持自己的权威和尊严。如果眼睛闭成一条缝，可能就是表示他非常疲倦了，说话的人就要注意，此时要么就此打住，要么转移话题。

真诚赞美，用语言攻破对
方的心理学

用赞美提升你的说话效果

善用赞美的魔力可以提高和润滑人际关系，让你大受欢迎。

赞美别人，仿佛用一支火把照亮别人的生活，也照亮自己的心田，这样有助于发扬被赞美者的美德和推动彼此友谊健康地发展，还可以消除人际间的龃龉和怨恨。赞美是一件好事，但绝不是一件易事。赞美别人如不审时度势，不掌握一定的技巧，即使你是真诚的，也会好事变坏事。那么，怎么赞美他人呢？

首先，赞美要自然真诚。

虽然人人都喜欢听赞美的话，但并非所有赞美都能取悦对方。能引起对方好感的只能是那些基于事实、发自内心的赞美。相反，若无根无据、虚情假意地赞美别人，不仅会令人感到莫名其妙，更会觉得你油嘴滑舌、诡诈虚伪。真诚的赞美是发自内心的，由衷地表露出来的，赞美的内容确实存在，不是虚假的。赞美的言辞通常亲切自然，表情和悦真挚。如果赞美他人时，面孔冰冷，或满脸讪笑，或阴阳怪气，对方八成会认为你在嘲弄他，是虚情假意，别有用心。这样的赞美就变味了。

其次，赞美要因人而异。

在爱漂亮的女孩面前，赞美她的打扮；在有小孩的母亲面前，赞美她的孩子；在上班族面前，赞美对方的工作绩效；至于男人，最好从工作下手，称赞他的能力。

每个人都有希望，年轻人寄希望于自身，老年人寄希望于子孙。年轻人自以为前途无量，如果举出几点证明他的前途不可限量，他一定十分高兴，将你视为知己。如果称赞他父母如何了不起，他未必高兴，至少你要说他是将门之后，同时，称赞他及其背景，才合他的胃口。

对于商人，你如果说学问好，道德好，清廉自守，安贫乐道，他绝对无动于衷。你应该说他才能出众，手腕灵活，现在红光满面，发财的机会马上就要来临，他才听得高兴。

对于官吏，你如果说，生财有道，定发大财，他一定不高兴。你应该说他为国为民，一身正气，廉洁自律，劳苦功高，他才会笑逐颜开。

对于文人，你如果说他学有根底，笔下生花，思想深邃，宁静淡泊，他一定喜不自胜。

对方从事什么职业，就说那一方面的恭维话。了解对方的职业，这是其中的一大要诀。

赞美要看对象，人的素质有高低之分，年龄有长幼之别，因人而异，突出个性，有特点的赞美比一般化的赞美能收到更好的效果。

有特点的赞美，比一般化的赞美可贵。对任何一个人来说，最有收效的赞美，不是称赞他众所周知的长处，而应指出那蕴藏在他身上，既极为可贵又尚未引起注意的优点。这种赞美将开辟出对方智慧与力量的新领域，有助于他在攀登事业高峰的征途上更进一步。

最后，多赞美小人物。

最需要赞美的不是那些早已功成名就的人，而是那些因怀才不遇而自卑的或身处逆境的人。他们平时很难听到一句赞美的话，一旦有人当众真诚地赞美，就会自尊心和自信心倍增，因此精神大振，大展宏图。所以，最有实效的赞美不是"锦上添花"，而是"雪中送炭"。

"我发现你很会利用时间，连三五分钟的空余时间你都不浪费。我就做不到这一点。"称赞对方最倾心、最专注、最得意而别人并不以为然的事情，是最能博取对方好感的。

赞美虽然有积极作用，但绝不是越多越好。因为对人施以赞美毕竟不是交际活动的最终目的，它不过是交际进程中的一种手段。因此，赞美之言不能滥用，应点到为止，而后要在和谐友好的气氛中迅速转入交际的正题，追求交际的成功。

赞美别人，并不一定要有回报

真诚的赞美的实质是抓住赞美的事物的实质，不说不着边的话，让别人听起来心情好。

哲学家们对于人类关系的定理曾经思索考证了几千年，但结果只能引证出一条重要的定律。那条定律并不是新创的，而是与历史一样古老。三千年前波斯哲人梭罗斯特把那条定律教给拜火教教徒。两千多年前中国的孔夫子把那条定律传给门人弟子，中国道教始祖老子也曾传授这条定律。释迦在两千多年前也把那条定律广传给人们。耶稣也把那条定律归纳成一句可以说是全世界最重要的规律："你希望别人怎样待你，你就怎样待人。"

你想让和你交往过的人都赞同你，你想要别人承认你的真正价值，你想要有一种在自我世界中的高贵感，你不愿意听不真诚的阿谀，而渴求诚挚的赞赏，所有的人都需要这些。

美国著名小说家贺尔·柯恩原来是一个铁匠之子。他一生上学不足八年，然而，他死时已是世界上最富有的文人。

柯恩最爱读十四行诗及短歌，因此他把英国诗人罗赛蒂的诗全部读熟，甚至还写了一篇讲演稿颂扬罗赛蒂的艺术成就，并且寄了一份给罗赛蒂。罗赛蒂很高兴，他对自己说："有一个青年人对我的才能有这么高的评价，那么他一定是很聪明的。"因此他便函聘柯恩到伦敦当他的私人秘书。这是柯恩一生的转折点。因为他在新职位上，遇到了当代的诸多大文豪。得益于他们的指教，由于他们的鼓励，柯恩遂致力于文学事业，后来他的名字为世人所熟知。

柯恩的故里格端巴堡成为世界上一些旅游者爱去瞻仰的圣地。他的遗产总值高达二百五十万美元。然而——谁晓得——假如他不曾写那一篇称赞大名人的文章，到死时也许还只是一个默默无闻的穷人。

这便是真诚赞美的力量，伟大的力量。

一条最明显的真理，凡是生活中你遇到的人，几乎都觉得自己有比你优秀的地方。那么打动他的只有一个法子，就是让他觉得你承认他在自己的小天地中是高贵而重要的，并且真诚地称赞他。

爱默生说过一句话："我所遇到的每个人都有优越于我的地方，我从他们那里能得到好处。"

但是生活中的有些人刚刚做出了一点成就，便对外嚣张自满，结果引起别人的反感和憎恶。莎士比亚说过："人，骄傲的人！有一点成就、权势，便在上天之前胡作妄为，使神都为之伤心落泪。"

赞美是人与人交往的一流台词，学会了它，也就学会了口才学的一半。赞美的话最能赢得人心，你肯定别人的时候，也就得到了别人的肯定。灵活做人，就要学会适时地赞美别人，并不一定要有回报，因为，真诚地赞美别人是一种美德。

背后称赞，比当面赞美更有效

有一次，友人告诉林肯总统，国防部部长斯坦顿曾经在背后骂他是该死的傻瓜。这显然是传话的人从中挑拨离间，讨好总统，想制造事端，搬弄是非。可是林肯总统的表现却大大出乎人们的意料之外，他没有对自己的国防部长表示任何的怀疑和愤怒。林肯漫不经心地说："如果斯坦顿评价我是一个该死的傻瓜，那很可能我就像他说的那样。我知道他这个人，他办事向来十分认真，而且所说的话十有八九是正确的。"

一传十，十传百，林肯的话很快就传到了斯坦顿的耳朵里，他深受感动，觉得特别惭愧，向林肯表示了他崇高的敬意和歉意。林肯去世时，斯坦顿还讲了这样一句名言："现在，他属于历史了。"可见对他的评价有多么高。

林肯听到传言时，虽然意识到国防部长对自己有意见，但是如果自己当场否定他，肯定事情会越来越糟。但是他在众人面前表明了自己对斯坦顿的信任和肯定，有意识地借"义务传声筒"将话传回去，反而促进了对方调整自己的言行。

好听的话、赞美的话当着别人的面说，自然能够既及时又生动地表达自己对对方的欣赏，不失为获得好人缘有效且常用的一种方法，但是像林肯这样在"背后鞠躬"的方式也能收到意想不到的效果。

"背后鞠躬"说得通俗一些就是通过第三者在无意间转述自己对他人的好感或者赞美，或者通过创造某种特定的环境条件让对方听到自己对他的评价。一位妻子就非常懂得使用"背后鞠躬"的"手段"，她的丈夫对她可以说言听计从。在刚结婚的时候，以前的闺中密友经常打电话和她聊天，每当别人问道："你现在还好吧？"她总是一脸幸福，欢快地笑着说："我很幸福！他对我很好，只要我哪儿不舒服，他就叮嘱我吃药、喝水。还有他做的饭菜好香好香，我工作忙的时候他就收拾家务，比我打理得还好。"

而在她这样说的时候，她的丈夫一定就在离她不远的地方，看上去似乎在忙碌自己的事情，其实正竖着耳朵听，心里高兴得不得了。其实，一开始他只会炒鸡蛋，收拾屋子也是偶尔为之。只是到了最后，听了妻子在别人面前这样夸他就有了劲头去做，后来成了一个"模范丈夫"。

一般人都有这样的心理，如果别人对他的印象和评价与他自己期望的不一样，他就会自觉地调整和修饰自己的言行，以期符合别人对自己的看法。这位妻子深深懂得"背后鞠躬"的奥妙，自然就轻易地征服了一个原本不出色的男人。

当面赞美别人，虽然也能拉近彼此的距离，但是难免带上一点恭维的成分，沾上奉承的色彩。但是，"背后鞠躬"就没有这些弊端，受表扬的人不在场，因此这个"鞠躬"肯定会被认为是发自内心的，是诚恳的，因此更容易让人相信和接受。

恰到好处的赞美，奥妙无穷

恰到好处的赞美其中奥妙无穷，"懂行"是一个重要法则。"懂行"的实质是抓住赞美的事和物的实质，不说外行话，让别人听起来在行、老练。许多人常犯外行的错误，见了什么都说好，见了谁都说高，有的是不懂装懂，有的是只知其一，不知其二，语言不到位，说不到点子上，切不中要害，缺乏力度。

做一个内行的赞美者，要懂专业知识。常言道："隔行如隔山。"现代社会中，专业分工很细，各专业相对独立，自成相对封闭的系统。如果知识面狭窄，无疑就成了"门外汉"，找不到赞美的话题。如何令自己像个内行人呢？

首先，对某一行要有一定造诣，你的赞美才能令内行的人接受，并视你为知己。运用专业术语是一种技巧。俗语说，各行都有各行的行话。曲艺中有吹、拉、弹、唱，其中又有丰富的内涵；相声中有说、学、逗、唱；围棋中有边、角、星、目等；书法中有筋、骨、神、锋，这些都是某一领域中的"行话"。在一定的场合，你用专业术语予人以赞美，让人觉得你是"圈内人"，你的赞美才会让人觉得可信。

再者，内行的赞美还表现为独具慧眼。独具慧眼的赞美者善于发现别人发现不到的优点、长处。比如，面对一幅油画作品，几乎所有的人都异口同声地叹道："真是太绝了！""我再练十年恐怕也赶不上！"

油画家对这样的恭维早就习以为常了。独有一位幽默地说道:"常言说,画如其人。您的画运笔沉稳,是和您刚正不阿的秉性、对人生与社会的深刻思考分不开的。"谈画论人,在行在理,独辟蹊径,巧妙地换了个新角度,令人耳目一新。他的赞美与众不同,技高一筹。

肤浅的赞美让人感到乏味与空洞,受到你赞美的人也丝毫引不起一种荣耀,并会在你的言语中产生一种不安与困惑;而见解深刻的赞美让人觉得你看到了问题的实质,你确确实实对被赞美者产生了认同感,而被赞美者也对你的一双慧眼报以信赖,产生了与你积极沟通与交流的愿望。

赞美别人,有助于发扬被赞美者的美德和推动彼此友谊健康地发展,还可以消除人际间的龃龉和怨恨。赞美是一件好事,但绝不是一件易事。赞美别人时如不审时度势,不掌握一定的技巧,即使你是真诚的,也会变好事为坏事。所以,我们一定要掌握以下赞美技巧:

1. 赞美要翔实具体

在日常生活中,人们有非常显著成绩的时候并不多见。因此,交往中应从具体的事件入手,善于发现别人哪怕是最微小的长处,并不失时机地予以赞美。赞美用语越翔实具体,说明你对对方越了解,对他的长处和成绩越看重。让对方感到你的真挚、亲切和可信,你们之间的人际距离就会越来越近。如果你只是含糊其词地赞美对方,说一些"你工作得非常出色"或者"你是一位卓越的领导"等空泛飘浮的话语,不仅能引起对方的猜度,甚至会产生不必要的误解和信任危机。

2. 赞美要合乎时宜

赞美的效果在于相机行事、适可而止,真正做到"美酒饮到微醉后,好花看到半开时"。当别人计划做一件有意义的事时,开头的赞扬能激励他下决心做出成绩,中间的赞扬有益于对方再接再厉,结尾的赞扬则可以肯定成绩,指出进一步的努力方向,从而达到"赞扬一个,激励一批"的效果。

3. 间接赞美比直接赞美更有效

所谓间接赞美就是借第三者的话来赞美对方,这样比直接赞美的效果往往要好得多。比如你见到某甲,你对他说:"前两天我和某乙谈起你,他对你推崇极了。"无论事实是否真的如此,反正某甲绝对不会去调查是否属实的,但他对你的感激肯定会超乎你的想象,如果碰巧某乙又是某甲平素很敬重的人,那么他对你的感激就会更深。

间接赞美的另一种方式就是当事人不在场时进行赞美,这种方式有时比当面赞美所起的作用更大。一般来说,背后的赞美都能传达到本人,这除了能起到赞美的激励作用外,更能让被赞美者感到你对他的赞美是诚挚的,因而更能增强赞美的效果。

4. 雪中送炭更有效

俗话说:"患难见真情。"最需要赞美的不是那些早已功成名就的人,而是那些因被埋没而产生自卑感或身处逆境的人。他们平时很难听到一声赞美的话语,一旦被人当众真诚地赞美,便有可能振作精神,大展宏图。因此,最有实效的赞美不是"锦上添花",而是"雪中送炭"。

此外,赞美并不一定总用一些固定的词语,见人便说"好……"有时,投以赞许的目光、做一个夸奖的手势、送一个友好的微笑也能收到意想不到的效果。

在不同的场合,要用不同的恭维方法

也许你没有留意,恭维在生活中不但是好的润滑剂,还是人际间的解毒散,许多尴尬之事,都可用它——化解,当然也要注意"到什么山上唱什么歌",开什么锁用什么钥匙。

(1)异性纠缠

这是令许多女子颇感烦恼的问题。当今社会,青年女子在生活与工作中与男人的接触越来越多，自然令一些男人心动神移，生非分之想。怎样使男人们打消念头，又不至于影响到彼此的关系，这是摆在青年女子面前的一道难题。我们可在谈话中先恭维对方，给其一个响亮的称呼，从而使对方于盛名之下难以胡作非为。俗话说："爱美之心人皆有之。"你长得年轻漂亮，别人想跟你亲近，不能一概斥之为"好色之徒"。不妨给他戴一顶高帽子，迫使其打消邪念。

有一位女子，相貌出众，在一家公司负责产品销售策划。一次跟某公司经理谈判之后，经理悄悄主动邀请她："小姐，晚上陪我吃夜宵好吗？"她不得不按时赴约。见面后，经理喜出望外，情意绵绵。两人边吃边谈。女子竭力向经理劝酒，滔滔不绝地向他介绍公司的发展计划，并不时赞扬这位经理，称他是一位有修养、有气质、讲信用、受人尊敬的现代企业家。经理颇为得意，故作谦虚："你过奖了。"最后两人共舞一曲而告终。临别时经理握住女子的手，郑重地说："你是个自尊自爱的女子！我心里会永远记得你这个完美的女孩形象的。"

（2）自我解围

即说错话之后，巧妙地通过恭维对方以达到自我解围的目的。任何人都会反感恶语而绝不会拒绝赞美。适度的恭维既会令对方心生暖意，又会令自己摆脱语误的困境，何乐而不为呢？

一个高高瘦瘦的小姐新买了一件掐腰的短上衣，兴冲冲地邀女友品评。女友见她穿了新衣越发状如衣板，不禁脱口说道："这件衣服并不适合你。"对方顿时面沉如水。女友见状自责，转而笑吟吟地说道："像你这样苗条又修长的身材，如果穿上那种宽松肥大长至膝下的衣服，就会越发显得神采飘逸、潇洒大方了。那些矮而又胖的人就穿不出这种气质来。"小姐听罢顿时转怒为喜。

女友的话既巧妙地暗示了这件衣服不合其身材，又诚恳地指出了其择衣标准。同时用苗条修长这样美好的词语委婉地指出了其身材的特点，又用矮胖之人来对比，照顾对方的自尊心。一句看似恭维的话，实则蕴含了无限的玄机，因而便显得委婉含蓄，巧妙地为自己解了围。

（3）制止争吵

人与人相处，发生争吵在所难免，夫妻也不例外。对此，一旦有了纷争，即使认为自己一方在理，也应避免过分的数落、指责。这时候，最好的方式是使用调侃、幽默的言语，浇灭对方的怒气，达到释疑解纷的效果。

有一妻子虚荣心重，当夫妻商量出席友人婚礼时，她缠着丈夫要买一种昂贵的花帽。此时正值夫妻闹经济危机，丈夫自然不肯答应花这笔钱。争吵中，妻子赌气地说："人家小喜和小金的爱人多大方，早就给自己的夫人买了这种花帽，哪像你，小气鬼！"丈夫不愿争论，只是故意夸张地说："可是，她俩有你这样漂亮吗？我敢说，她们也有你这样美，根本就不用买帽子装饰了，是吗？"妻子一听幽默的赞语，不觉转怒为笑，一场争吵也随之止息了。

（4）应对傲者

高傲者多看重自我形象，感觉良好。与他们打交道不妨采取投其所好的方式，对其业绩、学识、才能等给以实事求是的赞美，使其荣誉心、自尊心得到满足。这样就可以从心理上缩短距离，同样能起到左右他们态度的作用。

有一个京官要到外地任职，临行前去向老师辞别。老师说："外地的地方官不容易当，你要小心谨慎为好。"京官说："老师放心，我准备了高帽一百顶，逢人便送一顶，这样，恐怕不至于会有什么问题。"老师听了很生气，当场训斥他："吾辈为官，不可搞邪门歪道，哪有像你这样办事的？"京官说："老师这话很对，不过当今这个世界上，像老师这样不喜欢戴高帽的，能有几个？"老师听了，转怒为喜，点点头说：

"你这一句话倒也说得很对!"

京官从老师那里辞别出来后,笑着对人说:"我的一百顶高帽,如今只剩下九十九顶了!"

看来人人都愿意被人奉承,正直的老师也被一顶高帽击中了。

(5)巧妙指责

某百货公司的时装专柜,一段时间,客人纷纷投诉指责售货小姐服务态度不佳。专柜主任的解决方式真是与众不同,而且效果惊人。他没有指责那些售货小姐反而大肆赞扬,他对那位被客人指名的小姐说:"有客人称赞你服务亲切,希望今后继续努力。""有客人说你很有礼貌。"这么一来,她们的待客态度便大为改变,笑脸迎向任何客人,业务蒸蒸日上。

这真是巧妙地掌握女性心理的教育方法。一般来讲,女性被人指责说"你要改掉什么什么缺点",她们甚至觉得全部人格都遭到否定,很容易反抗或哭泣。但如稍加称赞,她们便神采飞扬,变得非常积极。如想纠正女性的缺点,不要直接指出缺点而要称赞她的优点,这一点非常重要。如此一来,她们更加发挥优点,同时也会改掉缺点。

总之,恭维是一种型号齐全的万能钥匙,用处多多,灵验无比。

认真聆听，让他人吐露心
声的心理学

真正的说话技巧不仅是会说，还要会听

一位小学三年级的孩子一放学回家，就将考了满分的数学试卷拿出来，滔滔不绝地对母亲说自己近段时间如何刻苦。在孩子的字里行间，带着些炫耀和骄傲的成分。这位母亲听后，说："你是一个好孩子，有了你，我感到欣慰。"这种话很有分寸，既称赞了孩子，又不会使孩子骄傲。但如果这位母亲说："你真是一个天才，在我看到的小孩中，没有一个人赶得上你。"那她的话就不恰当了，只会使孩子骄傲，把孩子引入歧途，而达不到教育孩子的目的。

但是，并不是人人都会听，一个真正做到有效倾听的人，不仅要认真听取别人的每一句话，领悟说话者的意思外还必须做到及时配合说话者，如点头、微笑或简短的附和语，与说者达到共鸣。同时，还应掌握听人炫耀的技巧，了解说者的性情，在自己与对方谈话时恰当地穿插一些对方所炫耀的内容，这样更能勾起炫耀者对你产生兴趣，让他愿意接纳你并加入他受欢迎者的行列。

与此同时，我们身边的人又并不是人人都是成功的说者。有些人没把握好谈话技巧，不是短话长说，就是说些与主题无关的话题，甚至连陈年往事也牵扯上了。这样的谈话枝叶太多，渐渐地就会脱离主题。因此听者此时须予以引导，使谈话重上轨道。如此一来，尽管会造成对方一时语塞，但只要说者能适时修正或抑制即可。这是听者的重要责任，也是听话技巧之一。

听者固然需要掌握语境，为避免说者出轨，就必须控制谈话的节奏，适当地响应，做到有问必答，疏通交流管道，使整个谈话更圆满。

说话的目的是表达个人的思想和意念。谁都具有想要表现自己，说出自己主张的强烈欲望，倘若有人能够满足他的自我表现欲望，则听者对说者而言，必将其引为知己而大受欢迎。

打个比方，你是一个商人，若接到顾客的投诉时，该怎么办呢？首先必须站在顾客的立场上，冷静且耐心地倾听，一直等对方把要说的说完。训练有素的推销员戴维曾经说过："处理顾客投诉，推销员要用80％的时间来听话，用20％的时间说话。"

任何一个顾客来投诉，无论开始脾气有多大，只要我们耐心地听，鼓励他把心里的不满都发泄出来，那么他的脾气会越来越小，像被扎了一个洞的皮球那样，慢慢地"放气"了。只有恢复了理智，才能正确地着手处理面前的问题。而且因情绪激动而失礼的顾客冷静下来以后，必然有些后悔，这比我们迎头批评他们要有效得多。

在人与人之间的交流中，"听"是如此自然，以至于人们常常不把它作为一个话题来研究。有效倾听似乎理所当然，虽然日常生活中有很多事例可以证明并不容易做到这一点，但人们并没有意识到需要学习有效倾听的方法，以致人们对倾听的作用有所漠视。

在工作上普遍受人欢迎的人，多是能了解倾听的技巧。老赵是某公司的领导，他就是因此而人缘极佳。例如，星期一上班时，他看到职员晒黑了，便自然地做出挥网球拍的动作，两人的话匣子就此打开。刚开始时，对方可能会不好意思而客气地说："其实我昨天收获不错。"不时还会露出得意的神情。如果职员是个钓鱼迷，倾听之后，回答的话要寓含鼓励，不妨说："现在钓鱼不简单吧？"或："一天能钓上一条草鱼就不错啦！"……即使对方成绩不理想也不会难为情，因为这无疑是暗示对方，现在天气不佳，你能钓上一条，可称得上是高手了。

由于他是如此善解人意，大多数职员都乐于找他谈话，他不但不厌烦，还会给予精神上的支持，难怪会大受欢迎。他就是以"听话"增进与人的亲密感。

总之，说话是人与人之间传递思想、交流情感最基本的手段。但真正的说话技巧不仅是会说，还要会听。掌握良好的听与说的技巧，在倾听中响应，是联络情感、满足需求必不可少的人际桥梁。

耐心听别人把话说完

世界最著名的影剧记者伊撒克·马士逊曾明确指出，世上许多人之所以不能留给人良好的印象，正是因为他们不能耐心地做个好听众，"由于他们只关心自己接下来要说的话，所以根本不肯耐心地去听人家把话说完……"

多数大人物都曾告诉过我，他们喜欢的是肯耐心听别人说话的人，而不是那些争着要发表自己高见的人。而学会听人说话这门艺术，却不能一蹴而就，真正懂得它的人，毕竟是少之又少。

因此，如果你想学好谈话这门课程的话，便要记住：基本功夫就是先做一个好的倾听者，鼓励别人谈他自己。

听别人讲话实在是一门艺术。那么如何做一个好的听众呢？以下是几点建议。

（1）全心全意地倾听

听音乐时，你也许喜欢轻敲手指或频频用脚跟打拍子，这没有问题。但听别人说话时十分不好，因为这些小动作最容易伤害别人的自尊心。

要设法撇开令你分心的一切——不要理会墙角里嗡嗡作响的苍蝇，忘记你当日要去看牙医。眼睛要看着对方，点头示意或打手势鼓励对方说下去，借此表示你在用心倾听。要是你轻松地坐着，全神贯注，不用说话也能清楚地表示你听得津津有味。

轮到你发言时，别以为你必须一直说下去，你仍要把说话的机会奉还给对方。

我们年轻时，大都听信别人的话，以为话说得越多，在社交圈子里便越成功。

一位外交官的太太曾细述她丈夫初入外交界，带她出去应酬时，她在那些场合多么受罪。她说："我是个小地方的人，而满屋子都是口才奇佳、曾在世界各地住过的人。我拼命找话题，不想只听别人说话。"

一天黄昏，她终于向一位不大讲话但深受欢迎的资深外交家吐露自己的问题。他告诉她说："每个人说话都要有人听。相信我，善于聆听的人在宴会中同样受欢迎，而且难能可贵，就好像撒哈拉沙漠中的甘泉一样。"

（2）协助对方说下去

试用一些很短的评语或问题来表示你在用心听，即使你只是简短地说："真的？"或："再告诉我多一点。"

假如你和一个老朋友吃午饭，他说因为夫妻大吵了一架，他整个星期都睡不好。要是你像大多数人一样，怕听别人私事，你可能会说："婚姻生活总是有苦有乐——你吃鱼还是五香牛肉？"你这样说，是间接叫他最好别向人发牢骚。假如你不想浇他一头冷水，那就不妨说："难怪你睡不好，夫妻吵闹一定令你很难受。"你的话让他舒解不少心中抑郁，心情便会好得多。我们当中很少有人能够自我开导，总需要把自己的烦恼告诉善于聆听的朋友。

（3）要学会听出言外之意

一位业绩优异的房地产经纪人认为，他成功的原因在于不但能细心聆听顾客讲的话，而且能听出那些没讲出来的话。当他讲出一栋房屋的价格时，顾客说："哪怕豪宅也没有什么了不起。"可是说的声音有点犹豫，笑容也有点勉强，那经纪人便知道顾客心目中想买的房子和他所能负担得起的价位显然有差距。

"在你决定之前，"经纪人熟练地说，"不妨多看几栋房子。"结果当然皆大欢喜。那顾客买到了符合他预算的房子，生意成交。

不幸的是，我们大多数人甚至不知道如何倾听别人说话。掌握倾听的艺术是受人欢迎的秘诀之一。当别人有问题来找我们时，我们常说得太多。我们总是试着提出太多建议，其实大多数的时候最需要的也许只是沉默，同时把耐心、宽容和爱传达给对方。

（4）把握好插话的时机

在别人说话时，我们不能只听到一半或只听一句就装出自己明白的样子。我们提倡在听别人说话时，要不时做出反应，如附和几句"是的"等话语，这样既让说者知道你在听他说，又让他感觉你在尊重他，使他对你产生浓厚的兴趣。

但是，万事都有忌，都要有把握分寸的地方。许多人过分相信自己的理解和判断能力，往往不等别人把话说完就中途插嘴，这种急躁的态度，很容易造成损失，不仅弄错了问话意图，中途打断对方，还有失礼貌。不错，在别人说话时一言不发也不好，对方说到关键的时刻，说完后，你若只看着对方，而不说话，对方会感到很尴尬，他会以为没有说清楚而继续说下去。

还有不少人在倾听别人说话时表现出唯唯诺诺的样子，哼哼哈哈，好像什么都听进去了，可等到别人说完，他却又问道："很抱歉，你刚才说什么？"这种态度，对于说话者来说是有失礼节的事。

所以说，即使你真的没听懂，或听漏了一两句，也千万别在对方说话途中突然提出问题，必须等到他把话说完，再提出："很抱歉！刚才中间有一两句你说的是……吗？"如果你是在对方谈话中间打断，问："等等，你刚才这句话能不能再重复一遍？"这样，会使对方有一种受到命令或指示的感觉，显然，对你的印象就没那么好了。

听人说话，务必有始有终。但是能做到这一点的人都不多。有些人往往因为疑惑对方所讲的内容，便脱口而出："这话不太好吧！"或因不满意对方的意见而提出自己的见解，甚至当对方有些停顿时，抢着说："你要说的是不是这样……"这时，由于你的插话，很可能打断了他的思路，要讲些什么他反而忘了。

总之，在与人交谈时，你要学会做一个好的听众，这样，你才会给别人留下良好的印象，别人才会觉得受到了尊敬。同时，你也就获得了成功。

闭上嘴巴，获得威望

在研究说话这门艺术的时候，第一要先学会"少说话"。

你也许会反驳："既然人人要学少说话，那么说话术就不必详细研究了。"其实不然，少说话固然是美德，但人们既然生活在现实社会中，只能"少说"而不是完全不说。既要说话，又要说得少，且说得好，这才是好口才。

首先，言多必失。说得越多，越显得平庸，说出蠢话或危险的话的概率就越大。

马西尔斯是古罗马时代一名战功赫赫的英雄，他以"战神科里奥拉努斯"之名而闻名于世。公元前454年，科里奥拉努斯打算竞选最高层的执政官以进入政界，从而拓展自己的名望。

在投票日来临的前夕，科里奥拉努斯在所有元老和贵族们的陪同下，走进了会议厅。当科里奥拉努斯发言时，内容绝大部分是说给那些陪他来的富人听的。他不但傲慢地宣称自己注定会当选，而且大肆吹嘘自己的战功。他甚至无理地指责对手，还说了一些讨好贵族的无聊笑话。

他的演说迅速传遍了罗马，人们纷纷改变了投票意愿。

科里奥拉努斯败选之后，心怀不甘地重返战场，他发誓要报复那些反对他的平民百姓。

几个星期之后，元老院针对一批运抵罗马的物品是否免费发放给百姓这个议题进行投票，科里奥拉努斯参加了讨论，他发表意见，认为发放粮食会给城市带来不利影响，使得这一议题未通过。接着他又谴责民主的要领，倡议取消平民代表，将统治权交还给贵族。

科里奥拉努斯的最新言论令平民们愤怒不已。人们成群结队地赶到元老院前，要求科里奥拉努斯出来与他们对质，却遭到了他的拒绝。于是全城爆发暴动，元老院迫于压力，终于投票赞成发放物品，但是老百姓仍然要求科里奥拉努斯得公开道歉，才允许他重返战场。

于是科里奥拉努斯只好出现在群众面前，一开始他的发言缓慢而柔和，然而没过多久，他变得越来越粗鲁，甚至口出恶言侮辱民众！他说得越多，民众就越愤怒。他们的大声抗议，使他无法继续发言。护民官商议判处他死刑，命令治安长官立即拘捕他，送到塔匹亚岩顶端丢下去。后来在贵族的干预下，他被判决终生放逐。人们得知这一消息后，纷纷走上街头欢呼庆祝。

如果科里奥拉努斯不那么多言，也就不会冒犯民众；如果在败选后他能检讨选举失利的因素，其实他依然还有机会被推举为执政官。可惜他无法控制自己的言论，最终自食其果。

其次，不知内情，更不应该胡言乱语。

世界上没有十全十美的人，不可随随便便说人家的短处，或揭露别人的隐私。首先你要明白，你所知道关于别人的事情不见得可靠，也许另外还有许多苦衷并非你所能明白的。你若贸然把你所听到的片面之言宣扬出去，不免颠倒是非，混淆黑白。而话传出去就收不回来，事后当你完全明白了真相时，你还能更正吗？

慎言是帮助你能在说话时三思，但并非矫枉过正而完全不说话，即使是想保护自己，发表意见时避免招致难堪，也该有一番说话智慧。

该说的时候不说，不该说的时候又说了一大堆，都不是好的说话方法。所以，一句在适当时机、对适当的对象所说的好话，都是靠日积月累的经验。只要不断磨炼，说话的智慧才会高人一等。

记得先学会少说话，说话前要三思，谨言慎行，这是学习把话说好的三个主要步骤。

不做无谓的争辩

争论最易伤感情，是人与人交往的大敌，应该将争辩与交情分开来看，切勿混为一谈。

在与人的交往中，我们要知道：

（1）执拗其实并不明智

有些人喜欢抬杠，搭上话就针锋相对，无论别人说什么，他总要加以反驳，你说是时，他一定要说不是，到你说不是时，他又说是了。这是最可怕的习惯，犯的人很多，而且每每自己不知道。为什么会这样呢？因为这些人不喜欢听取别人的意见，在心目中只有自己，而且自以为比别人高明，事事要占上风。其实，即使真比别人高明，这种态度也是要不得的。这种做法不为对方留一点余地，好像要把他逼得无路可走，才觉得满意。虽然你并没有想到这一层，但实际上你正在这么做。

这种习惯使你拒绝了所有朋友和同事，没有一个人肯贡献给你一点意见，更不敢向你进一点忠告。你本来是一个很好的人，但不幸的是你有一点爱和人较劲的脾气。唯一改善的方法是养成尊重别人的习惯，要知道，在日常的闲谈中十有八九没有绝对是非的标准。你的意见不一定是对的，而别人的意见不一定是错的。把双方的总和再行分配，你至多只有一半正确，既然这样，那么你为什么每次都要反驳别人的意见呢？你只不过有一半是正确的而已。

别人和你谈话时，他根本没有准备请你说教，大家说说笑笑就算了，若你自作聪明，拿出更高超的见解，对方绝不会乐意接受。所以，你不可随便摆出要教导别人的姿态。你的同事向你提出一个意见时，若不能即时赞同，最低限度也要表示可以考虑，但不可马上反驳。要是你的朋友和你聊天，你更要注意，太多的执拗会把一切有趣的生活变得乏味。遇上别人真的错了，又不肯接受批评或劝告时，别急于求成，往后退一步，把时间延长些，隔一天或两个星期再谈吧！否则大家都固执，不仅没有进展，反而互相伤害感情，造成隔阂。

　　许多人因为喜欢表示不同意见，因此得罪了许多朋友，所以常常有人劝别人不要表示出不同意见。这种看法也是很片面的，而且也是不老实的。无论一个人多么爱面子，除了极少数愚蠢的、狂妄的人外，几乎每一个人，都更喜欢忠实的朋友。只要你的办法是正确的，向别人表示自己的不同意见，不但不会得罪人，而且有时还会大受欢迎，使人有听君一席话，胜读十年书之感。

　　把自己的意见看作绝对正确的，而别人的意见是愚蠢幼稚、荒诞无稽，那你就伤人了，而且伤得很厉害。

　　不应该在小节处争论不休，即使你不同意对方意见，你最好仍能表示对方意见中你所赞同的看法，以便缓和一下谈话气氛，使对方觉得你并不是抹杀别人的一切，无论你的意见和看法与对方的意见和看法距离多么遥远，冲突得多么厉害，绝对不要表现出一种无可商量的态度。如果你是一个善于谈话的人，你一定要小心地使谈话不要陷入僵局，使谈话能维持下去。

　　在说话时，别人最怕你模棱两可，有些事情，你可以避开不谈，拒绝表示意见。可是，你不能事无大小，一律不肯明确地表露自己的意见，只是含含糊糊地应付两句，让人听完你的话，总弄不明白你究竟是什么意思。

（2）同人争论时尽量保持冷静

生活中常会遇到一些专爱与人作对的人。对于那些与你唱反调的人，你采取何种态度呢？通常，大多数人所采取的态度是向对方展开反驳。

事实上，这种反驳是没有什么用处的。你之所以会对他展开反驳，乃是欲使他持有与自己相同的意见。

从道理上讲，对于那些与你唱反调的人，你或许应该大规模地展开反驳，以便把他们驳倒。不过，即使你做到了这个地步，其效果又如何呢？

你必须冷静思考的是你自己所希望的并非彻底地去击败他，使他投降，而是欲使对方同意你的意见、看法，使他的观点与你一致。

人们都有保护自己，避免被他人攻击的本能意识。当你对他人说"哪有那种荒谬透顶之事"或者"你的思想有问题"之时，那个人为了保全自己的面子，以及守住自己的立场，定会紧紧地闭起他的心扉。因而，与人展开议论之时，总是以采取冷静的态度为妙。

（3）顶牛抬杠不养家

每个人都会遇到不同于自己的人，大至思想、观念、为人行事之道，小至对某人、某事的看法与评判。这些程度不同的差异可能会转化成人与人之间的争执与辩论，任何独立的、有主见的人都应正视这个问题。

一位心理学家曾经说过："人们只在不关痛痒的旧事情上才'无伤大雅'地认错。"这句话虽然不胜幽默，却是事实。由此也可以证明：愿意承认错误的人是少的——这就是人的本性。

现在就让我们姑且认为这次争论是一次积极争论，也就是说，它值得我们去争论。但是在这过程中，我们仍要时时把握住自己，因为在争论中最容易犯的毛病，就是常常自己认为自己的观点才是世界上最正确的，只顾阐述自己的观点，而忽略了要耐心诚意地去听取别人的意见。

这就往往可以使善意的争论变成有针对性的争论。需要强调一下，这种现象是很危险的，也是很常见的，因为即使最善意的争论，也是由于双方的观点有分歧而引起的，所以，在一开始，双方就是站在对立的立场上，对于对方的论点，根本就不加以分析，而一味地表述自己的看法。

如此一来，争论过程中就难免会情绪激动，面红耳赤，甚至去翻对方的陈年老底。所以，当双方都各执己见，观点无法统一的时候，你应当控制情绪，把握自己，把不同的看法先搁置下来，等到双方较冷静时再辨明真伪。也许，等到你们平静的时候，说不定会相顾大笑各自的失态呢。

而当你胜利的时候，你也应该表现出自己的大将风度，不应该计较刚才对方对你的态度。争辩是一回事，而交情又是另一回事，切不可混为一谈。当他向你认错的时候，也万万不应再逼下去，以免对方恼羞成怒。

争辩结束后，你也应该顾及对方的面子，可以给对方一支烟或是一杯茶，或者要求他帮一点小忙，这样往往可以令他恢复愉快的心情。

综上所述，争辩、抬杠、顶牛可能让多年昔日好友反目成仇。细想这下，仿佛每个人小时候都有爱争论、抬杠、顶牛的习惯，随着年龄的增长，社会经验的积累，聪明人都将这些早早抛弃了，人们逐渐懂得遇到不同看法、观点和意见的时候去控制情绪，保持冷静，把不同的看法搁置下来，时间会证明孰对孰错。

所以，记住吧，不要做无所谓的争辩了，那只会伤害了朋友之间的感情。

一言既出，驷马难追

说话比做文章读文章难。做文章，可以细细推敲，再三修正；读文章，可以细细体味，详加研究。说话则不然，一言既出，驷马难追，所以你与人对话，应该特别留神。

你要说的话，事前先打腹稿，列出纲要，说话开始时，先要定一定神，态度从容，双目注视对方的眼睛，表示出恳挚的神情，边说边注意他的反应，是赞成还是不以为然，随时调整你的说法。如果发觉他神情不屑，不愿意多听的样子，你就该设法收尾。如果发觉他怀疑，你就该多做解释。如果发觉他乐于接受，你就该单刀直入，不要再绕什么圈子。发觉他要插言，你就该请他发表意见。他的答语，你要特别留神，比如同样一个"哦"字，有不同的表示："哦。"是表示知道了，"哦！"是表示惊奇，"哦？"是表示疑问。

再如，他说"好的，以后再谈吧"，这是不肯接受；"好的，照如此办吧"！这是完全接受；"好的，我替你留意"，这是没有把握的表示；"好的，我替你想办法"，这是肯负几分责任的表示；"好的，待我研究研究"，这是原则可以同意，办法还须讨论；如果他说"好的，你听我回音"，这是肯帮忙的表示。你能够细细体味，便知道此次说话是否成功，老于世故的人，往往不肯有直接的表示，很易使你误解他的真意。

你对人表示态度，也要有个分寸，你以为可以办到的，回他"我去试试，成否不敢保证"；你以为对的，回他一声"很好"，一声"不错"；你以为不对的，回他"这个问题很难说，各有各的说法"；你以为办不到的，回他"此事太困难，恐怕无大希望"。总之，不要说得太肯定。太肯定的回答，最易造成不欢而散的后果。一切回答，必须留些回旋余地，万一临时不能决定，你可以说"待我考虑后，再答复你吧"；或者说"待我与某方面商量后，由某方面答复吧"。前者是接受与不接受各占一半，后者多数是婉言拒绝。如果对方唠叨不止，你不愿意再听下去，也有几个方法可以应付，或者乘机谈谈别的事情，转移谈话方向，或者就说"好的，今天谈到此处为止"，立起身来，说声"对不起，再见"，他自会终止谈话离开你。

你要向对方说话，先要明白他的个性。他喜欢有学问的，你应该说高远的话；他喜欢婉转的，你应该说流利的话；他喜欢亢直的，你应该说激切的话；他喜欢琐事的，你应该说浅近的话；他喜欢诚恳的，你应该说质直的话。你的说话方式，与对方个性相符，自能一拍即合。

若对方是一个喜欢刺探你意思的人，往往迂回曲折，中间插入一句主句，希望你暴露真情。你若不愿意告诉他，应该特别留神，设法避过，或者故意当作没有听见，或者含糊其词，或者就说"不便奉告"，拦住他不断的进攻。此外，盛怒之后，不要见客；宿醉未醒，不要见客。怒容易迁怒来客，无端得罪；醉后易畅言无忌，泄露秘密。

但是只明白对方的个性还是不够，你还得估量彼此的交情，交情未到相当程度，你的说话方式，虽合对方个性，说话是否发挥效力仍是一个疑问。话是说得对了，你的交情资格还是不对，交情资格不对，你就犯了"交浅而言深"的错误。彼此的交情，还不曾达到相当的程度，"不可与言而言，是以言说之也"，逆耳之言，只使人觉得讨厌！

小杨是耿直之人，他的领导也不失为耿直的人，有一次为了同事待遇过分刻薄，小杨自告奋勇，向领导提出加薪的请求，他对领导慷慨陈词：现在的待遇，不但不合理、不合情，简直是逼他们走到死路上去。他们死不死，姑且不问，你的事业还有前途吗？小杨自以为理直气壮，自以为够得上直说的交情，谁知领导听了大不高兴，不但不能采纳，而且反唇相讥，认为这是整个的社会问题，应该由政府来解决，他是无力改善的，弄得一场没趣。这不是话不投机，而是小杨估计错了彼此的交情，还没有到说话的时机。从此以后，领导以为小杨是存心捣蛋，借此鼓弄风潮，于是误会日深，再有小人居间无中生有，挑拨是非，以后的纠纷，多着呢！

举这个例子，无非是想劝你说话必须详加考虑，你的说话方式，合乎对方个性吗？你和他的交情，够得上说深话吗？若有一个"否"字，你最好还是秉着老于世故者的教训："闭口深藏舌，安身处处牢。"

人与人之间好感难得，恶感易成，与人对话，必须谨慎。说话方式要符合对方个性，才会产生作用；但也不要忽略你与对方的交情程度，否则"交浅而言深""不可与言而言"，则还不如不言。当然知己相聚，上下古今，东西南北，兴之所至，无所不谈，你不必有所拘束，但是也不可过度，一言误会，感情遂生裂痕，此则不可不防，不可不戒。

相逢一笑，微笑背后的
心理学

一个浅浅的微笑，却包含了一切美好的力量

微笑是世界上最美丽的表情，微笑的面容比修饰出的容妆更为美丽。一个浅浅的微笑，却包含了一切美好的力量。我放飞思绪穿梭于记忆的天空中，那一个淡淡的笑容，又将我拉回了那一幕……

眼看公交车就要到了，匆忙的我抱着一大杯可乐向车站跑去。"终于赶上了！"我一边喘着气，一边在兜里找钱，然后跳上车。我一只手抓着吊环，靠在栏杆上，仍在不停地喝着可乐。车上很安静，有的人在看风景，有的人在看书，有的人在打盹。我无聊地打量着车上的人。站在我旁边的是一个穿着淡蓝色连衣裙的大姐姐，飘逸的长发安静地垂在肩上，清秀的脸庞和透亮的眼睛，让人一看就知道是个品学兼优的乖宝宝。

正在我沉浸于这种安静的气氛中时，突然一阵急促的刹车声打破了平静，车身的摇晃让我站立不稳，手里的可乐"哗"的一声洒出来许多，正好泼在那个大姐姐的裙子上。从慌忙中回过神来的我，看到那条漂亮裙子的裙角已经印上几片褐色的可乐汁。大姐姐"哎呀"了一声，然后掏出纸不停地擦。我的脸一下子就红了，低头吞吞吐吐了半天才说出几个字："对……对不起哦。"心情紧张极了，这么漂亮的裙子被我弄脏了，人家会怎样心疼呢？不知道她会说什么呢。这时，只见她眉头微微皱了一下，但瞬间就展开了。她抬头看着满脸窘态的我说："没关系的，回去洗洗就可以了。"接着，眯起眼睛，弯了弯嘴角，露出一排整齐洁白的牙齿，给了我一个微笑。那一刻，我心中微微一颤，刚才还是悬着的心马上平静了。我忽然感觉那个微笑好美，那是一个天

使遗留在人间的笑容，干净简单却很温暖。于是，我的嘴角也不禁上扬，以一个带有歉意而又真诚的微笑面对着她。

车上依然是那样安静，就像没有发生过任何事。而从那一刻起，我发现了微笑所拥有的魔力。

在圣衣会里，有一位常常情绪忧郁的修女，被圣女小海瑞发现了。圣女常想帮助她脱离痛苦，但不知如何相帮，因为晚祷之后严禁谈话。她就想了一个办法：站在门口，当那位修女经过时，对她非常甜蜜地微笑一下。当圣女过世后，这位修女说："海瑞修女的微笑消除了我心中所有的痛苦。"

一位修女要为孤儿院募款，因此特别去拜访一位富翁。

那天富翁因为股票跌价，心情不佳，又认为修女来得不是时候。于是，就大动肝火，挥手就打了修女一记耳光。

但修女既不还手也不还口，还面带微笑，注视着他。富翁更加恼火，骂道："滚！快滚！等什么？"修女微笑着说："我来的目的是为孤儿募款，我已收到您的礼物，但是孤儿们还没有收到礼物呢？"

富翁因修女的态度大受感动，以后每个月主动送钱到孤儿院去。修女的微笑改变了富翁的态度。

《圣经》上说："心中愉快，使面容焕发；心中悲伤，精神即颓丧。心情忧伤的，日日困坐愁城；心胸畅快的，时时如享喜宴。"

爱是最大的恩赐、爱是幸福的源泉、爱就是力量。微笑是爱的流露，是一份最珍贵的礼物，是自己、家庭、团体、社会幸福的主要因素。人人都会微笑，只要肯付出，就能给周围的人带来温暖。既然人类都需要微笑，我们就勉励修这个德行吧。人之常情在情绪低落时，嘴角自然地向下垂。神父告诉我们："在这时，把嘴角提升，这样不仅能给旁人以微笑的印象，也可以冲淡自己内心的苦闷。"

微笑好似太阳。万物生长靠太阳，若没有太阳，万物就不能生活。每天开怀大笑二十分钟定能保持健康。以喜乐精神迎接困难的人，困难已克服了一半。

善于微笑的人，更能给人留下好印象

微笑着注视对方的人更能给人留下好印象。英国研究人员发现，人们通常会认为那些微笑着注视自己的人更具有魅力。

心理学家要求志愿者评价呈现在电脑屏幕上的两张人脸图片哪个更有魅力。为了消除人脸的物理特征对偏好的影响，每次呈现的两张图片都是同一个人的照片，只是面部表情或者眼睛的注视方向不同。实验结果发现，志愿者认为那些微笑的脸更有魅力，并且那些注视着志愿者尤其是异性志愿者的脸比注视着其他方向的脸具有更高的"魅力指数"。这说明人们很注重她（他）的眼睛注视的方向，伴随着微笑而注视对方，是融洽的会意；伴随着蹙眉而注视他人，是担忧和不安。

女性更喜欢微笑可能是天生的。研究发现，人在群居生活时欢笑的次数是独处时的 30 倍。同时还发现，与各种笑话以及有趣的故事相比，和他人建立友好的关系这一目的与笑声的联系似乎更加紧密。在引发我们大笑的各种原因当中，只有 15% 来自笑话。

人们用嘴角上扬的表情来表达心中的快乐之情，与此相反，当人们不开心的时候，他们就会表现出一种嘴角下垂的不高兴的表情，也就是我们常说的撇嘴。只要感到不开心、沮丧、绝望、愤怒或紧张，人们的脸上就会浮现出这样的撇嘴表情。然而，如果一个人总是把这种负面、消极的表情写在脸上，久而久之，他的嘴角就会永远保持一种下垂的状态，看起来总是一副没精打采的沮丧样子。

波士顿大学的马文·海切特和玛丽安·拉·弗朗斯进行了一项研究。其结果显示，在面对主管和上级时，无论是在气氛友好的前提下，还是在不友好的紧张气氛当中，下级人员都会面带微笑；而主管和上级人员在下级面前，只会在气氛友好的前提下才会露出微笑。

这项研究还表明，无论是在社交还是在职场交往中，女性微笑的频率远高于男性，而这也就在无形中使微笑的女性在面对不苟言笑的男性时居于弱势或下属的地位。有的人认为，正是因为女性笑得更多，所以长久以来她们才会一直被置于男性之下的从属地位。不过，有研究显示，早在出生8周之时，女婴笑的次数就远远多于男婴。研究显示，将出生8周的男婴和女婴作比较，女婴比男婴笑的次数更多，长大后，我们会发现，在日常生活和工作交往中，女性微笑的频率也远远高于男性。有人认为，这是一个男权社会，女性笑得多表示她们对男性权威的顺从。但是，当尚处在婴儿时期时，女婴比男婴微笑的频率就高，这似乎无法解释女性顺从于男权社会的自我意识。更合理的解释可能应当从人类进化来说，因为女性天生就扮演着哺育者和安抚者的角色，而微笑正好与这一角色的特性、功能吻合。所以，微笑这一特征很可能是天生的，而非后天培养所致。

美国加州大学的社会心理学家南希博士做了一个实验，他让200多名实验者看了一些表情各异的男性和女性的照片，之后让他们对这些表情和人物魅力进行评判。

结果发现，没有面带微笑的女性大都被认为是心情不高兴，而男性表情严肃、面无微笑却被认为是比较有权威感。由此可见，女性生来就笑得更多，而且人们潜意识里要求她们笑得更多。要想和别人的交往有积极的效果，使自己更具魅力，女性应当笑得更多。

微笑是人与人沟通的最佳途径。

玛丽大学毕业后去参加一家航空公司的招聘，与其他竞争者相比，她并没有什么明显的优势。可出乎意料的是，她最后竟然被录取了，这其中的奥妙究竟是什么呢？那就是因为玛丽的脸上总带着微笑。在面试的时候，有一件事令玛丽困惑不已。主考官在讲话的时候经常故意把身体转过去背着她。事后玛丽才知道，原来这位主考官不是不懂礼貌，而是在体会玛丽的微笑，因为玛丽应聘的职位是电话语音服务，是有关预约、取消、更换或确定飞机航行班次的服务。那位主考官微笑着对玛丽说："小姐，你被录取了，你最大的资本就是你的微笑，你要在将来的工作中充分运用它，让每一位顾客都能从电话中体会你的微笑。"虽然可能没有太多的人会看见她的微笑，但他们通过电话，可以感知到电话线另一端玛丽的微笑。

一家著名公司的高管曾说道："我宁愿雇用一个低学历但有愉快笑容的女孩子，也不愿雇用一个郁郁寡欢的高学历者。因为微笑是员工的基本要求，也是公司最有效的商标，比任何广告都有力，只有真诚的微笑才能深入人心。"

微笑还是一种顺从的信号。一项新的对人类的近亲黑猩猩所展开的研究显示，黑猩猩的微笑功能不仅仅限于表达幸福、开心的心情，它还传达了表示顺从的信号。

研究发现，黑猩猩的笑容一般有两种，一种是较为温和的笑容，它们常常将下颌张开，露出牙齿，而嘴角很自然地往后拉伸，照这几个动作来做，我们就会发现这其实正是人类的微笑表情。这是黑猩猩见到头领时经常会做的一个表情，这种笑容按动作的情境来看，表示的正是黑猩猩对自己的统治者的敬畏和恭顺之意。试想在日常工作中，当我们见到自己的领导时，对着领导微笑所表示的是不是也有着尊敬和顺从的意味呢？其中的道理是相通的。对领导表示出顺从的意思，有助于获得更好的工作关系。黑猩猩还有另外一种笑容——"调皮嬉闹的表情"。它们会把牙齿外露，嘴角和眼角都往上提升，表情比温和的笑容挂在脸上时的动作幅度要大得多。

社交场上还有一种广泛流传的"不＋微笑"策略。所谓"不＋微笑"策略，就是面带微笑地拒绝对方。这个策略经常被女士们用到，而且是屡试不爽。为什么这个策略如此简单却又这么成功呢？因为这是一组相互矛盾的信号，微笑代表着高兴，而"不"又是明确的拒绝。这两个自相矛盾的信号同时出现时，会使对方陷入茫然失措的境地。当你想拒绝对方的请求又不希望因此破坏了双方的关系，不妨使用这个"不＋微笑"的策略。

一个人的笑声，可以反映出一个人的性格特征

笑对普通人来说，往往是欢快轻松的，但对心理学家而言却是一件严肃的事情，因为笑能透露人的性格。笑虽只有声音的差异，却是最能够表达沟通意图的"语言"。一个人的笑声可以反映出一个人的性格特征。美国一位心理学家经过多年的调查研究，把人类的笑声分出几个类型，并分析各种类型的心理出发点。

哼哼地笑：这是从鼻子里哼出来的，因为一个人要忍住笑，最后只好通过鼻子来"笑"。他们明明想笑却又倾向忍住不笑，显示为人怕羞，不想被他人注意，这样的人同时也是谦虚体贴的，喜欢按部就班地做事。因为平时很重视身边的人的感觉，所以身边的人也会喜欢他们的细心。

呵呵地笑：这是深深地从肚子里发出来的笑，显示这个人并不是自卑保守的，性格开朗，喜欢冒险，善于抓紧机会。此类型的人比较内向，容易害羞。但心思缜密，做事不会透露内心想法。常常看到别人看不到的事情的有趣一面。因为很会掩饰内心，往往可以委以重任。很多人在没有信心或心情不愉快的时候，会用"呵呵呵"的笑声来掩饰内心的反感。有这种笑声的人一般是比较温和的人，不会给人带来太多的压迫感。另外，人们在心浮气躁或者身体疲倦的时候，也会发出这样的笑声。

咻咻地笑：笑起来发出"咻咻"声音的人，多半是能够严格要求自己的人。发出"咻咻"地笑的人，是一个乐天派的人，对生命的展望充满活力，对未来也充满了美好的想象。他们的创造力和想象力都很强，偶尔还会做出惊人的举动，却不会让人产生反感的情绪。同时他们还极富幽默感，一旦树立目标，会朝着目标奋勇前进。这样的人大多爱好欢乐，喜欢看到好笑的事物被放大夸张。

　　嘿嘿冷笑：如果一个人总是冷笑，就说明这个人属于阴险狡诈的类型。与这样的人交往尤其是做生意，很难取得让人满意的结果。而另外一种喜欢冷笑的人则是那种玩世不恭的类型，他们自以为看透了人生百态，就不再有所追求，于是就游戏人生，过着"今朝有酒今朝醉"的生活。

　　哈哈大笑：在高兴的时候会发出"哈哈"的笑声，这大多是所谓的豪爽型的人，因为一般人很难发出这样的笑声，而且这也说明这个人身体状况极佳，才能有这样的笑声。这是一种高声的笑，即便在嘈杂的环境之中也能听到。这么笑的人说明他不压抑自己，是那种天生的聚会上的灵魂人物，他们喜欢讲笑话，当面临一个问题时，他们往往智勇双全地解决困难。同时，他们做事公平，不会嫌贫爱富，也不会欺软怕硬。当别人做错事时，他们不会斤斤计较。他们的幽默感会在不经意间给周围的人带来欢乐。此外，他们还有着出众的同情心，并且不会因别人取得的成绩而嫉妒。因为这样的性格，他们往往是人群中最受人喜欢的类型。同时，这种笑声带有威慑感，会震慑他人，容易使人心生警戒。

　　放声狂笑：有的人平时很少笑，但一旦笑起来却是一发不可收拾。别看这样的人经常在陌生人面前表现木讷，看起来不易接触，实际上此类人是冰与火的结合体，对生人冷淡，对熟人热情奔放。熟悉他们的人都知道此类人至情至性，讲义气，重感情，甚至不惜为朋友两肋插刀，因此他们的人缘是比较好的。

笑声柔和：这样的人待人随和，遇事冷静。他们性格沉着而稳重，比较明事理，也善于说理，能够很好地化解矛盾和纠纷。一般能够站在对方的立场为他人考虑，在大是大非面前能够保持头脑的清醒和冷静。因此人际关系处理得比较好，而且还善于化解矛盾和纠纷。

笑声让人不舒服：这种人的性情一般都比较冷淡，比较现实和实际，自己不会轻易为身边的人有所付出。他们察言观色的能力比较突出，思维比较缜密，能观察到他人心里在想些什么，然后投其所好，待机行事。

经常发出不同笑声：这样的人根据不同的场合而发出不同的笑声，他们大多是比较现实的，做事思维敏捷，适应环境的能力比较强。

只是微笑但并不发出声音的多数是内向而且感性的人，他们的性情比较温柔、亲切，能够给人一种很舒服的感觉，属于比较好相处的人。但是他们也比较情绪化，容易受到他人情绪的感染或者被他人打扰。

通过笑容和笑姿势看人

笑容的力量是无穷的，一个能时时展现出迷人笑容的人自然也拥有无穷的魅力。达·芬奇的传世名画《蒙娜丽莎》之所以让人难以忘记，原因之一就是画面人物那神秘的微笑。那永恒的微笑使人看上去心情舒畅，顺理成章地令人对她产生好感。笑的本质应该是愉快的情绪表现，但有些时候，痛苦到极点或感觉无可奈何的人也会用大笑来发泄闷气。可以说，笑是最常见的表情，也是含义最复杂的身体语言。

普通地笑：这类笑容很平常，不特别，不会太大声，显示这个人喜欢群众。这样的人往往努力工作但不争功。他们做事很有耐性，善始善终，心地善良而又可靠，是非常值得交往的朋友。

附和别人地笑：笑时慌张并戛然而止，看看别人继续笑便也跟着笑。这是自卑感的表现，说明缺乏自信，笑也怕笑得不对。他们的性格一般都乐观开朗，但做事没有主见，容易人云亦云，随波逐流。这样的人应改变一下自己的观念，用不着太担心别人对自己的看法，每个人都有笑的权利，即使别人不笑，也一样可以笑。

偷偷地笑：经常偷偷微笑的人，大多数是内向型，他们比较保守，不愿意在众人面前夸张地表现自己，多数时候显得腼腆。在工作中他们心思缜密，考虑问题十分的周全，面对各种情况都能冷静地做出判断。在交际中，他们并不喜欢轻易地将自己的内心展示给别人，而且由于他们强大的个人能力，他们对朋友的要求很高。不过一旦与他们成为朋友，他们就会与你肝胆相照。

轻蔑地笑：笑时鼻子向天，神情轻蔑，往往是人人在笑他也不笑，或只是逢场作戏似的干笑几声。这样的人看不起身边的每一个人，表面上是自视甚高，这其实是自卑感在作怪，要把他人压低而抬高自己，他们几乎没有交心的朋友。

掩口而笑：这个动作也是源于人内心的自卑感，不过也有其他的可能，就是一个人认为自己牙齿不好看或自知口臭。如果没有这些毛病，就是发自内心的自卑，就与紧张的笑相同。

笑不出声：这样的人只是微笑，一般不会发出声音。他们大多内向感性，性格忧郁低沉，容易受到外界的感染，做事情绪化的倾向比较明显，有浪漫主义色彩。但他们待人亲切温柔，给人以舒服的感觉。

笑中带泪：这看上去似乎是两个矛盾的表情。当一个人笑得很剧烈，以至于笑出眼泪时，说明此人具有真性情并有善心，他们在生活中通常是乐观向上并且胸无城府的，他们会在自己力所能及的范围内给予别人最大的帮助并不求回报。

笑不可支：这样的人大多性格开朗，乐善好施。他们总是把喜怒哀乐挂在脸上，为人直爽，做起事来不拘小节，大大咧咧，因此从来不乏朋友。

经常悄悄微笑：这样的人性格比较内向、害羞，而且相对来说比较传统和保守。一般来说，这样的人心思都非常缜密，理性思维强，头脑异常冷静，很善于隐藏自己，在为人处世方面又显得有些腼腆。他们对他人的要求往往很高，不会轻易将内心真实的想法告诉别人。

肆无忌惮地笑：平时看起来沉默少语，笑起来却一发而不可收的人是最适合做朋友的。他们通常十分看重友情，在陌生人面前比较沉默，显得不够热情，不够亲切，但一旦真正与人交往，成为朋友，他们就会以真诚相待，而且活泼热情。基于这一点，很多人都乐于与这样的人相处，他们自己本身也能够营造出比较和谐的社会人际关系。

断断续续地笑：笑起来断断续续，听起来很不舒服的人，性情大多是比较冷淡而漠然的。但是他们的观察力相当敏锐，能准确地观察到他人心里的真实想法，然后投其所好，择机行事。

捧腹大笑：这种人大多心胸开阔，当别人获得成功的时候，他们会真心祝愿，很少产生嫉妒的心理。这样的人性格多是直率而且很真诚的。他们往往能够直言不讳地指出朋友的缺点，也会在自己的能力范围之内，对他人的需要给予帮助。他们是不折不扣的行动主义者，一旦想起了要做的事情，或者决定要做某件事情，就会马上付诸行动，非常果断迅速，绝不拖泥带水。在别人犯了错以后，他们会指出来，但是也会给予最大限度的宽容和谅解。他们比较有幽默感，总是能够让周围人感受到他们所带来的快乐，因此他们身边总是围绕着很多的朋友。

龇着牙笑：这种人一般没有真情实感。龇着牙笑是一种很典型的假笑，这样笑的时候，一般是没有表现出自己的真情实感的。如果一个人说着"别为此担心"或者"没什么大不了的"这样的话语时，却流露出这种面部表情，那就表明其实他们真正的想法正好相反。

开怀大笑的内心世界

与微笑形成鲜明对比的就是大笑了。两者的最大区别就是眼睛和嘴。强烈的愉悦情绪一经产生，就会触发眼轮匝肌的剧烈收缩。在眼轮匝肌的强烈收缩作用下，笑容中眼睑最明显的变化是下眼睑会凸出、变短，向上提升并遮盖部分虹膜下缘。同时，由于上下眼睑的相互挤压，在眼角外侧会出现鱼尾纹。由于脸颊的隆起和提升，脸颊和下眼睑之间形成笑容特有的纹路。特别细微的一个独特之处在于，大笑时眼睛的闭合更多是从下往上的，下眼睑绷紧并向上闭合为主导，上眼睑的下压动作非常小。这样的眼睑闭合形态特征只会出现在笑容中，在其他表情的眼睑闭合动作中，都是以上眼睑的动作为主导。正常的闭眼，上眼睑会垂下来，使眼睑线呈向下弯曲的弧线，而笑容中的眼睑线在眼球的正中间位置。

我们经常说，有些人生得一副笑眼，这就是因为这种特别的眼睑闭合形态，在某些面孔上会使眼睑的曲线翻转过来，呈轻微弧顶向上的曲线，因此只需要简单的两道向上拱起的弧线，就可以描绘出一双生动的笑眼。大笑也会配合剧烈的痉挛式呼吸，因此眼轮匝肌会自动收缩，以保护眼睛不受内压升高的伤害。这是一种反射动作，和咳嗽、打喷嚏、痛哭的生理机制相同。因此，笑的时候如果眼睛没有动作，就可以判定不是情绪引发的笑。仅仅将嘴角翘起，虽然能表达笑意，但那只是礼节上的需要。只要愿意，人可以在任何情绪状态下挤出微笑，但心情不好的时候，眯起眼睛来笑的难度，比刻意哭的难度还要大。

笑的动作一开始，眼睛就开始闭合，而且眼睛闭合的程度，与笑容的开心程度成正比。如果眼睛的闭合程度与笑的程度不匹配，我们通常判定为假笑。大笑的下半脸主导肌肉是颧大肌，强有力的收缩会将嘴角向两侧耳朵的方向拉伸，使上唇提升并拉长。可以肯定的是提口角肌、提上唇肌等其他与上唇相连的肌肉也会收缩，但这些动作并不能起到主导作用，而是在颧大肌的动作下引起的间接参与式动作。上嘴唇在这些肌肉的影响下，几乎提升到最高位置，将上齿全部露出，甚至还会露出部分上齿牙龈。牙齿的露出会增加笑容的感染力。

当然，就像我们在微笑中讨论过的，如果一个人在笑的时候只有嘴部动作而没有眼部的参与，往往是在假笑，大笑时眼部肌肉也会有明显的变化。眼轮匝肌和颧大肌的单独收缩，都会向上提升脸颊。因此大笑时二者的共同收缩，会让脸颊在双倍力量的提拉下隆起并向上提升，表面皮肤变得光滑紧绷。笑容一旦开始，脸颊的隆起和变圆就会随之出现，等到笑容饱满之后，脸颊的提升和隆起是整张脸上最明显、变化最大的形态，呈苹果形。一个人在大笑的时候，下颚会下垂，以便配合嘴巴张大。与惊讶和恐惧不同的是，大笑时的下巴不但下拉，还会向颈部移动。下嘴唇也会被大幅拉伸，表面变平滑。上唇在颧大肌、提口角肌、提上唇肌和上唇鼻翼提肌的共同作用下提升，其提升程度充分，鼻翼两侧挤压出来的鼻唇沟也格外深长。而伪装的大笑通常不会让嘴部的形态改变到这种程度。

从眼睛到脸颊，再到嘴巴，形成标准笑容形态特征：前额和眉部松弛而自然；眼轮匝肌收缩，造成下眼睑提升、绷紧、凸出，比正常状态遮住更多的虹膜，上下眼睑呈现出挤压式闭合趋势，会在眼角处形成褶皱；颧大肌的收缩会使嘴角向斜上方拉扯，配合痉挛式呼吸的强度做出张嘴或闭嘴的形态。在自然状态下，上唇会提升，露出上齿，下唇则形态不一，下齿很少露出，即便露出，面积也明显少于上齿；两组主导肌肉的运动，共同造成脸颊隆起，看起来饱满圆润，并造成下眼睑下方的笑容沟纹。

平时话不多却放声大笑的人，他们大多是外冷内热型，是非常可靠的朋友。在与陌生人交流中，他们显得十分内向，甚至木讷，但实际上，他们只是不适应迅速与人交心。在与他们交往一段时间以后，你就会发现，他们对朋友十分友爱，在一定的时候，可以为朋友做出牺牲。所以，虽然他们看上去并不是很爱交际，但真心想和他们交朋友的人却并不少。

善解人意，委婉拒绝
的心理学

明确直言的拒绝，会令对方感到尴尬

明确直言的拒绝，有时自己感到过意不去，也令对方感到尴尬。这就需要采用一些巧妙委婉的拒绝方式，既表达了自己的愿望，又将对方失望与不快的情绪控制在最小范围内，不影响彼此之间的人际关系。

委婉拒绝需要讲究艺术，那么委婉拒绝都有哪些技巧呢？

1. 暗示拒绝

通过身体姿态或非直接的语言把自己拒绝的意图传递给对方。当想拒绝对方继续交谈时，可以做一些转动脖子、用手帕拭眼睛、按太阳穴以及按眉毛下部等漫不经心的小动作。这些动作意味着一种信号：我较为疲劳、身体不适，希望早一点停止谈话。显然，这是一种暗示拒绝的方法。此外，微笑的中断、较长时间的沉默、目光旁视等也可表示对谈话不感兴趣、内心为难等心理。也可以是语言暗示，如："找我有什么事吗？我正打算出去。""还要给你添点茶吗？"从而间接表达拒绝的愿望。

2. 转换话题

对方提出某项事情的请求，你却有意识地回避，把话题引到其他事情上。这样，既不使对方感到难堪，又可逐步减弱对方的企求心理，达到委婉谢绝的目的。

在日本有这样一个故事，很能给人启发：

一位名叫宫本的青年去拜访山田先生，想将一块地产卖给他。

山田听完宫本的陈述后，并没有做出"买"或者"不买"的直接回答,而是在桌子上拿起一些类似纤维的东西给宫本看,并说:"你知道这是什么东西吗?"

"不知道。"宫本回答。

"这是一种新发现的材料,我想用它来做一种汽车的外壳。"山田详详细细地向宫本讲述了一遍。山田先生共讲了十五分钟之多,谈论了这种新型汽车制造材料的来历和好处,又诚诚恳恳地讲了他明年的汽车生产计划。山田谈的这些内容宫本一点也听不懂,摸不着头脑,但山田的情绪感染了宫本,他感到十分愉快。在山田送宫本时顺便说了一句:不想买那块地。

山田的高明之处在于他没有一开始就回拒宫本。如果那样,宫本就一定会滔滔不绝地劝说他买那块地。而山田采取了回避的态度,把话题引到其他地方,没有给他劝说的时间,在结束谈话时拒绝,不失为高明之法。

3. 先肯定后否定

对对方的请求不是一开口就说"不行",而是表示理解、同情,然后再据实陈述无法接受的理由,获得对方的理解,自动放弃请求。

赵亮和张谦是大学同学,赵亮这几年做生意虽说挣了些钱,但也有不少的外债。两人毕业后一直无来往,忽一日赵亮向张谦提出借钱的请求,张谦很犯难,借吧,怕担风险;不借吧,同学一回,又不好张口。思忖再三,最后张谦说:"你在困难时找到我,是信任我,瞧得起我,但不巧的是我刚刚买了房子,手头一时没有积蓄,你先等几天,等我过几天账结回来,一定借给你。"

4. 引荐别人,转移目标

实事求是地讲清自己的困难,同时热心介绍能提供帮助的人。这样,对方不仅不会因为你的拒绝而失望、生气,反而会对你的关心、帮助表示感谢。

马老师是五年级一班的班主任，她的独生子今年又中考，负担挺重，恰巧班上新转来一名学生，课程拉下一段，学生家长很信任马老师，想请马老师为孩子补补课。马老师腾不出身，很不好意思。她对家长说："真对不起，我实在有点腾不出身来，这样吧，我有个小侄女刚毕业分到某小学工作，让她帮助补一补可以吗？"家长听了非常高兴。

5. 缓兵之计

对方提出请求后，不必当场拒绝，可以采取拖延办法。你可以说："让我再考虑一下，明天答复你。"这样，既使你赢得了考虑如何答复的时间，又会使对方认为你是很认真地对待这个请求。

刘源一心想当一名记者，于是想从学校调到某报社工作，她找到了她小学老师的丈夫——某报社孙总编，孙总编知道报社现在严重超编，但又不好直接拒绝，于是对刘源说："刚刚超编进来一批毕业生，短期内社里不会研究进人的问题了，过一段时间再说吧。"孙总编没说这事绝对不行，而是以条件不利为理由，虽然没有拒绝，但为后来的拒绝埋下了伏笔。

为了不伤和气，拒绝别人要有艺术

所谓不合理请求，就是对于请求者所请求的事情，自己无法接受。因而对于不合理的请求，理所当然应该拒绝，但为了不伤和气，就要掌握一些拒绝他人不合理请求的谈吐艺术。

1. 物理法

所谓物理法，就是以"物理条件无法更改"作为挡箭牌，来拒绝对方的要求。一般作为物理理由的是空间和时间的界限，因为这两者都具有难以为人所左右的特性，所以，当你以物理界限为由拒绝时，请求者是束手无策的。

有个衣冠不整的人来到某个大饭店投宿，柜台人员打量他的穿着后，如果说："本店不收留可疑人物。"这很可能会引发一场纠纷。但如果说："真抱歉，房间都已客满，欢迎下次再光临。"就不会遇到什么麻烦了。

2. 模糊法

所谓模糊法，就是用模糊语言来拒绝他人的请求，这种方法看似对请求者有了交代，但实质上信息为零，效果也为零。

1945 年，美国在日本投下了两颗原子弹后，美国新闻界谈论得突出的话题是猜测苏联有没有原子弹，以及有多少原子弹。因此，当苏联外长莫洛托夫率代表团访问美国时，在下榻的宾馆前，便被记者们团团围住了。有记者问莫洛托夫："苏联有多少原子弹？""足够！"莫洛托夫绷着脸仅用了一个英语单词回答。莫洛托夫回答的"足够"，就是模糊语言，它从表面上看，是回答了记者的请求，但实际上，记者们并没有得到真正的信息。莫洛托夫的拒绝可谓一箭双雕：既回避了有多少颗原子弹这个当时不便公开的秘密，又表示了苏联人民的自尊和力量。

3. 推诿法

所谓推诿法，就是以别人的身份表示拒绝。这种方法看似推卸责任，却很容易被人理解：既然爱莫能助，也就不便勉强。

有个女孩子是个集邮爱好者，她的几个好朋友也是集邮迷。一天，有个小朋友向她提出要换邮票，她不同意换，但又怕小朋友不高兴，便对小朋友说："我也非常喜欢你的邮票，但我妈不同意我换。"其实她妈妈从没干涉过她换邮票的事，她只不过是以此为借口，但小朋友听她这样一说，也就作罢了。

4. 搪塞法

搪塞法，顾名思义，就是用一些没有多少价值的东西去敷衍塞责。

所以，大胆地说出"不"字，是相当重要却又不太容易的课题。有人喜欢你直截了当地告诉他拒绝的理由；有人则需要以含蓄委婉的方法拒绝，各有不同。

以下是几种如何说"不"的建议：

直接分析法：直接向对方陈述拒绝对方的客观理由，包括自己的状况不允许、社会条件限制等。通常这些状况是对方也能认同的，因此较能理解你的苦衷，自然会自动放弃说服你，并觉得你拒绝得不无道理。

巧妙转移法：不好正面拒绝时，只好采取迂回的战术，转移话题也好，另有理由可以，主要是善于利用语气的转折——温和而坚持——绝不会答应，但也不致撕破脸。比如，先向对方表示同情，或给予赞美，然后再提出理由，加以拒绝。由于先前对方在心理上已因为你的同情使两人的距离拉近，所以对于你的拒绝也较能以"可以体会"的态度接受。

不用开口法：有时开口拒绝对方也不是件容易的事，往往在心中演练 N 次该怎么说，一旦面对对方又下不了决心，总是无法启齿。这个时候，肢体语言就派上用场了。一般而言，摇头代表否定，别人一看你摇头，就会明白你的意思，之后你就不用再多说了，面对推销员时，这是最好的方法。另外，微笑中断也是一种掩体的暗示，当面对笑容的谈话，突然中断笑容，便暗示着无法认同和拒绝。类似的肢体语言包括，采取身体倾斜的姿势，目光游移不定、频频看表，心不在焉……但切忌伤了对方自尊心。

一拖再拖法：如果已经承诺的事，还一拖再拖是不明智的，这里的一拖再拖法指的是暂不给予答复，也就是说，当对方提出要求是你迟迟没有答应，只是一再表示要研究研究或考虑考虑，那么聪明的对方马上就能了解你是不太愿意答应的。其实，有能力帮助他人不是一件坏事，当别人拜托你为他分担事情的时候，表示他对你的信任，只是自己由于某些理由无法相助罢了。但无论如何，仍要以谦虚的态度，别急着拒绝对方，仔细听完对方的要求后，如果真的没法帮忙，也别忘了说声"非常抱歉"。

总之，人在社会中，生活中，一定要拒绝某些人或事，所以，就要学会拒绝的技巧。聪明的你，看过上述方法，一定有所收获吧。

适时拒绝，可以缓解心理压力

学会拒绝的艺术，既可减少许多心理上的紧张和压力，又可使自己表现出人格的独特性，也不致使自己在人际交往中陷入被动，生活就会变得轻松、潇洒些。

你曾经被人拒绝过吗？当下的时候是觉得释然呢，还是难堪呢？一个好的主管，一个能干的人才，不轻易拒绝别人；即使拒绝，也要有替代，因为要懂得"拒绝的艺术"。

如何拒绝他人？在什么情况下可以拒绝别人？怎样做才能使自己不做违心的事，而又不影响友谊呢？拒绝的艺术，这的确是人际交往中的一个至关重要的问题。一般来说下列情况应考虑拒绝：

1. 违背自己做人的原则。

2. 不符合自己的兴趣爱好。

3. 违背自己的价值观念。

4. 可能陷入关系网。

5. 有损自己的人格。

6. 助长虚荣心。

7. 庸俗的交易。

8. 违法犯罪的行为。

习惯于中庸之道的中国人，在拒绝别人时很容易发生一些心理障碍，这是传统观念的影响，同时，也与当今社会某些从众心理有关。不敢和不善于拒绝别人的人，实际上往往得戴着"假面具"生活，活得很累，而又丢失了自我，事后常常后悔不迭；但又因为难以摆脱这种"无力拒绝症"而自责、自卑。其实，学会拒绝的艺术并不困难，下面这些方法是常用的：

谢绝法：对不起，谢谢，这样做可能不合适。

婉拒法：哦，是这样，可是我还没有想好，考虑一下再说吧。

不卑不亢法：哦，我明白了，可是你最好找对这件事更感兴趣的人吧，好吗？

幽默法：啊！对不起，今天我还有事，只好当逃兵了。

无言法：运用摆手、摇头、耸肩、皱眉、转身等身体语言和否定的表情来表示自己拒绝的态度。

缓冲法：哦，我再和朋友商量一下，你也再想想，过几天再决定好吗？

回避法：今天咱们先不谈这个，还是说说你关心的另一件事吧……

严词拒绝法：这可不行，我已经想好了，你不用再费口舌了！

补偿法：真对不起，这件事我实在爱莫能助了，不过，我可帮你做另一件事！

借力法：你问问他，他可以做证，我从来干不了这种事！

自护法：你为我想想，我怎么能去做没把握的事？你想让我出洋相啊。

当我们对别人有所要求，或者与人沟通的时候，如果对方都能爽快地承诺，我们必定心生欢喜；如果对方一再刁难，这个不行，那个不好，我们一定会感到此人顽固，不通人情，不好合作。

拒绝人情，拒绝因缘，主要是由于能力、慈悲、道德不够，能干的人绝不轻易拒绝。父母承诺儿女的要求，只要是善事、好事，何必拒绝呢？即使事出有因，不得不拒绝，也要解释得让儿女欢喜，让儿女了解，才能达到拒绝的效果。

拒绝要有代替,因为拒绝是很难堪的事!所以我们应该学会拒绝的艺术。例如,不要立刻拒绝,不要轻易拒绝,不要生气拒绝,不要随便拒绝,不要无情拒绝,不要傲慢拒绝。

如果真是不得不拒绝的时候,也要注意维护对方的尊严。例如,语言要婉转、态度要和善,最好面带微笑,让对方了解你的真诚、你的善意。

此外,拒绝时,如果能够有另外的替代方案。例如,部属要求安装冷气,至少你可以给他一台电风扇;朋友希望你送她一盆玫瑰花,至少你可以送她一盆蔷薇;能够有替代、有出路、有帮助的拒绝,必能获得对方的谅解。

不轻易拒绝别人,肯给别人多一些因缘,自己会获益更多!

拒绝不得法,会使人感到不满

然而,拒绝别人也是有讲究的。拒绝得法,对方便心服情愿,如果拒绝不得法,会使人感到不满,甚至对你怀恨在心。

现在我们来研究一下拒绝的艺术。

一位朋友曾说过这样的事:"近来有许多推销员登门入室兜售物品。这些人口齿伶俐,对你缠绕不休,一个个都有一套让你非买他东西不可的本事。我对这种人实在是应付不了。"

"你可以拒绝呀!"另一位朋友对他说。

"拒绝也不是一件容易的事啊!"他说,"那些推销员根本不把你的拒绝放在眼里,他们有一套激起你兴趣的方法,吸引你注意,挑动你的购买欲望,使你最终买下他的东西。许多人因为不知道如何拒绝而买了他的东西。"

这位朋友的话也许过分夸张了一些。一般来说,你如果被那些推销员干扰，你坚决说一个"不"字，他们是毫无办法的，这难道不是个简单的办法吗？

事实和我们想象的总会有些不同，虽然你硬着头皮说个"不"字，有时竟会出现你意想不到的结果。有一次，一家保险公司的所谓"外勤员"到一位编辑的办公室来兜生意，整整谈了一个上午，这位编辑始终用一个"不"字来拒绝，结果那位"外勤员"只好怏怏退出了。

几天之后，这位编辑的同事来告诉他，一个胖胖的青年人在外面口口声声地在破坏他的名声。这位编辑非常惊奇，因为在工作中或工作以外他并没有仇人。直到同事说那个青年人的下巴上有颗痣，这才恍悟，原来是那天被他拒绝的那个"外勤员"。

所以说，拒绝人家不得方法，实在会带来很多的麻烦。例如，一个素行不良的朋友来向你借钱，你明知道把钱借给他就像肉包子打狗一样有去无回；一个相识的商人向你推销商品，你明知买下了就会亏本……诸如此类的事你必定加以拒绝。可是拒绝之后，就有可能断绝交情，引人恶感，被人误会，甚至埋下仇恨的祸根。

要避免这种事情发生，唯一的方法是要运用聪明的智慧。学习这种拒绝的方法要注意下列几项原则：

你应该向对方解释拒绝的理由。

拒绝的言辞最好用坚决果断的暗示，不可含糊不清。

不要把责任全推到对方身上。

注意不伤害他的自尊心，否则定会迁怒于人。

让对方明白你的拒绝是万不得已，并表示抱歉。

有时为了拒绝别人，含糊其词地去推托："对不起，这件事情我实在不能决定，我必须去问问我的父母。"或者是："让我和孩子商量商量，决定了再答复你吧。"

但是，这种方法太不干脆了。有些人可能认为这是拒绝的好办法，既不伤害朋友的感情，又可以使朋友体谅你的难处。但这种敷衍的结果是，对方还会再三来缠扰你，当他终于发觉这是你的拒绝，以前的话全是敷衍、骗人的推托之词时，不但会使他怨恨你，而且也暴露了你致命的弱点：懦弱和虚伪。

如果换一种情况，你的上司或主管针对一项措施征求你的意见时，你居于责任的缘故，必须表明你是反对还是赞成时，你又该怎么办呢？

让我们来举一个例子：

美国一家贸易公司的经理设计了一个商标，开会征求各部门的意见。

经理报告说："这个商标的主题是旭日，象征希望和光明。同时，这个旭日很像日本的国旗，日本人看了一定会购买我们的产品的。"

然后他征求各部门主任的意见。营业主任和广告主任都极力恭维经理构思的高明。最后轮到代理出口部主任的青年职员发表意见，他说：

"我不同意这个商标。"全室的人都瞪大了眼睛看着他。

"怎么？你不喜欢这个设计？"经理吃惊地问他。

"我倒不喜欢这个商标。"青年人直率地回答。其实从艺术的观点来说，这位青年人的确是有点讨厌那个红圈圈，他明白，和经理辩论审美观是得不到什么效果的，所以他只是说："我恐怕它太好了。"

经理笑了起来，说："这倒使我不懂了，你解释一下看看。"

"这个设计鲜明而生动自然是毫无疑问的，因为与日本的国旗相似，无论哪个日本人都会喜欢的。"

"是啊，我的意思正是如此，这我刚才已经说过了。"经理有些不耐烦地说。

"然而，我们在远东还有一个重要市场，那就是华人社会，包括中国、中国香港，以及东南亚国家，这些国家和地区的人们看到这个商标，也会想到日本的国旗。尽管日本人喜欢这个商标，但是由于历史的原因，这些国家和地区的人们就不一定喜欢，甚至可能产生反感。这就是说，他们不愿意买我们的产品，这不是因小失大了吗？照本公司的营业计划，是要扩大对中国和东南亚国家及地区贸易的，但用这样一个商标，结果是可想而知的。"

"天哪！我怎么没有想到这一点，你的意见对极了！"经理几乎叫了起来。

这位青年如果也是和其他人一样对经理唯唯从命，让旭日做成商标，将来产品销到远东之后，生意清淡，存货退回，那时即使意识到其原因是商标问题，也无可挽回了，况且那位代理出口部出席那次会议的青年能推卸责任吗？要向一位有权威的人表示反对意见或拒绝，你必须有充分的理由，更要说得他完全信服。因此，技巧的运用不能不讲究。你看上述例子中，那位青年一句"我恐怕它太好了"这样的恭维话，先满足了经理的自尊心，同时也不会使他产生不悦。然后，你再陈述充分的理由，经理也就不会因此而觉得难堪了。

所以说，拒绝也是有技巧的。

笑着拒绝，不需要理由

在人与人之间的交往中，每个人都有邀请他人和被他人邀请的时候，你有权利邀请他人，同样，你也有权利对他人的邀请说"不"。但回绝他人时人都会遇到一个难题，就是不想伤害别人的感情，但是因为各种原因而不能接受他人的邀请，因此常常给自己带来许多烦恼。那么，要想摆脱这种烦恼，只有一种方法，就是在权衡利弊之后，果断地拒绝你本该拒绝的邀请。这就需要你掌握好拒绝的方法。

其实邀请也分为许多种，现主要介绍朋友的邀请和求爱的邀请。

面对朋友的邀请，应该怎样做呢？

1. 笑着拒绝，不需要理由

笑一笑，说："不必了，谢谢你。"既然不欠别人什么，只要待他有礼貌就可以了。你没必要说明理由，除非你愿意那样做。

2. 直言不喜欢某种活动

虽然你对这个人感兴趣，但是不喜欢他提议的活动，那就直接告诉他。告诉他你喜欢什么，看他是不是也感兴趣。例如，张华与周强在一次座谈会上相识，双方颇有好感，周末，张华邀周强一起去听音乐会，可周强对听音乐会不太热衷，于是周强对张华说："今天的天气这么好，我们到郊外玩好不好，那里空气清新，比在音乐厅里听音乐舒服多了。"张华一听说："好啊，那我们就去郊外玩吧！"这样张华一点也没有被拒绝的感觉。

3. 在感激中拒绝

你既不喜欢这个人，也不喜欢他提议的活动，但是，你很感激他邀请你，那就把你的拒绝"夹杂"在对他的感谢中间。如果你想找点别的事情来搪塞，别人很容易识破你。但可以这样说："其实能和你一起聊天，我很高兴，虽然我正忙着要去洗热水浴。不过，我很感激你的邀请。"

4. 以某种行动拒绝

如果那人不理会你客气而又坚定的暗示，那就索性离去，找另一个人或另一群。如果某人表现得很不得体，可是只要你一直站在那里和他说话，他就以为他可能会动摇你的决心。行动胜于言语。要相信你的早期预警系统，一旦感到不舒服，就尽快离开那个人，不要等出现了问题再动身。

5. 用推托表示拒绝

如果朋友邀你晚上看电影，而你不想同他交往，但这理由又不能告诉他。你可以对他说："这部电影是新影片，我也很想看，可是明天要上课，我还有不少作业要做，电影只好割爱了，真对不起。"用其他的事推掉不愿意做的事是最常见的方式。

当我们得到所期望的爱情时，内心会感到莫大的满足和幸福，但当求爱的人是自己不满意或不能当作恋人来喜爱的对象时，就会感到莫大的苦恼。苦恼的根源在于我们既想拒绝这一爱情表白，又怕伤了对方的心。尤其在对方与自己有深厚友谊时，这苦恼就来得更为强烈。

然而，不管多么困难，不能接受的爱情总是要加以拒绝的。只是，要选择好方法和时间。

1. 说话态度要坚决

拒绝别人的求爱难免会给别人带来伤害，但不能因此而犹豫不决。既然是爱上你的人，对你的言行都非常敏感。如果你拒绝的态度不够坚决，很容易造成对方的误会，最后往往会带来比拒绝更大的伤害。

2. 尽力维护对方的自尊

为了减少拒绝给对方的心理带来的伤害，也使对方更易于接受，就必须设法维护对方的心理平衡，尽量减少对方的内心挫折。具体来说，就是你不妨先对对方的人品和才华等加以赞许，然后说明你为什么不能接受求爱的理由；说出的理由要合乎情理，最好从对方的角度提出有利的方面，让对方觉得拒绝也是为了他（她）好；如果必须向旁人做出解释，你不妨把消极原因归于自己，避免给人造成一个"你拒绝了他"的印象。

3. 选择恰当的方式

应该考虑到你们平素的关系和对方的个性特点，选择或冷处理、或面谈、或书信等方式，但建议你不要采用托人转告的方式，因为这显得对对方不够尊重，还可能带来不必要的麻烦。

4.选择合适的时机

一般来说，不要在对方刚表白了爱情时立即加以拒绝，因为此时对方很难接受；但也不可拖延太久，以免给对方造成误会。当然，具体选择什么时机，要视具体情况而定。

审时度势，知己知彼的
心理学

说话不要模棱两可

在日常交谈的话语中，有不少词语在不同的条件下使用，往往有不同的含义，有的甚至完全相反，这就是"同语异义"的现象。它会给你带来不少麻烦，也会带来许多便利。巧说"同语异义"比直言更能对听者产生强烈的吸引力，但如果运用不好则会带来很多麻烦。《三国演义》中描写的曹操误杀吕伯奢一家的故事就很有借鉴意义。

曹操刺杀董卓未成，便与陈宫一道投奔曹父的义兄吕伯奢家求宿。吕伯奢热情接待，上村西沽酒去了。

曹操坐了一阵，忽然听到后院有磨刀的声音，于是，与陈宫蹑手蹑脚进了后院，只听得有人说："捆绑起来再杀！"

曹操对陈宫说："不先下手，咱们就要死了！"

说着，便与陈宫拔剑冲了过去，见一人便杀一人。他们搜寻厨房，这才看见那里有一只捆绑起来等待宰杀的猪。结果，造成一场误会。

这个故事虽反映曹操疑心过重，但"捆绑起来再杀"这句不明确的言辞，对促成曹操杀人也起了很大作用。这说明"同语异义"的言辞一定要谨慎使用。"二战"期间也发生过因"同语异义"而产生误会的事。

当时，由于德军经常空袭伦敦，所以英国空军总是保持高度警惕。在一个浓雾漫天的日子，伦敦上空突然发现了一架来历不明的飞机，英国战斗机立即升空迎击，到飞临对方时，才发现这是一架中立国的民航机。

英国战斗机向地面指挥部报告了这一情况，请求指示。地面指挥部回答："别管它。"于是，英国战斗机发出一串火炮，把这架民航机打落了。后来，英国为此支付了一笔巨额赔偿才了事。英国战斗机和地面指挥部都负有不可推卸的责任。

首先是地面指挥部，不该用"别管它"这样语义不明的言辞来回答战斗机的请示。这既可以理解为"别干涉它，任它飞行"，也可以理解为"甭管它是什么飞机，打下来再说"。

战斗机的责任是在听到这样可作完全相反理解的命令后，应该再次请示，然后再采取行动。这样就不致铸成大错了。

可见，这个"别管它"，就是一种"同语异义"的言辞。你在遇到这种言辞时一定要慎重处理，切勿鲁莽行事，否则它会成为你与人沟通的障碍。

乱开玩笑会惹人反感

开玩笑，是人与人之间交往最常见的一种说话取乐方式。它可以活跃气氛，调节情绪，创造一个和谐、轻松的氛围，使你的语言更具魅力。但是，开玩笑必须内容高雅，如果笑料过于庸俗，或开过了头，伤害了人家的自尊和感情，则适得其反。所以，开玩笑一定要注意场合，把握尺度。

有位钢琴家在某地一家歌舞剧院演奏贝多芬的名曲时，因天气寒冷，进场的听众不多，剧场内有一半的座位空着，一些来听钢琴演奏的人也左顾右盼，心里似乎很不安。这有点出乎钢琴家的意料之外。为了改变这尴尬的局面，这位钢琴家开了一个十分幽默的玩笑，他说："朋友们，我发现一个奇怪的事情，这个城市里的人都很有钱，因为我看到你们每个人都买了两三个座位的票。"

听众一听，顿时开心地大笑起来。

由于这位钢琴家的一个玩笑，人们立即活跃起来，使尴尬的局面在哄堂大笑中顿时化解。接着，大家便聚精会神地听他演奏了。

但是，如果开玩笑不掌握分寸，则会造成严重后果。

有一次，美国总统里根到国会去参加一项会议。开会前，为了试一试麦克风是否已接通，他便信口开了一个玩笑，说："先生们请注意，五分钟后，我将对苏联进行轰炸。"

一语出口，全场哗然。后来，苏联针对此事提出了强烈抗议，搞得里根很难堪、很狼狈。

由此可见，开玩笑过度，将会造成无法挽回的后果。

当然，开玩笑还要看对象，因为每个人的性格、身份、心情不尽相同，对玩笑的承受能力也不同，所以，一个玩笑，你可以对此人开，却不可对彼人开，这也是开玩笑的一门学问。

一般来说，男性不宜同女性开玩笑，下级不宜同上司开玩笑，晚辈不宜同长辈开玩笑，正常人不宜同残疾人开玩笑。即便可以开一些玩笑，也只限于逗笑之类，而且要暗含尊敬、褒扬，不能放肆、轻佻。切忌揭人之短，尤其是残疾人之短处，他们对自己明摆着的短处已经讳莫如深，如果你再同他开玩笑，他会认为这是一种有意的羞辱，因而造成恶言相对的局面。

总之，开玩笑应是善意逗乐，促进彼此的感情交流，而不是恶意的取笑，占对方的便宜。所以，你以后在开玩笑时一定要把握好分寸，这样才能真正成为沟通高手。

旧瓶装新酒，说话要有点新意

在公共汽车站，常见如下对话。

"这趟班车到 × × 区吗？"

"不到。"

这种冷冰冰拒人于千里之外的谈话随处可见。其实，问者很可能想知道"到××区怎样搭车"。

在一个聚会中，你想介绍两个陌生的朋友相互认识。你这样说：

"这位朋友是位网球高手，他每个周末都去网球场。"

"这位先生喜欢打篮球，在学校时是主力球员。"

这样的介绍，能够让原本陌生的双方很快找到交谈的话题。

有时，一些很普通的客套话也可以打开话匣子，让陌生人之间不再沉默，从而拉近原本似乎遥远的距离。如：

"你府上哪里啊？"

"江苏。"

"那是个不错的地方呢，不但风景美丽，住在那儿的人们也颇富文人气息。"

"是啊，咱们江苏……"如此你就轻松地打开了话匣子。

又或者，你可以说："今天天气真好，如果能到××爬山，一定很不错。"

"您喜欢爬山？爬过哪些山呢？"

"我曾到过……"顺着话找话，打蛇随棍上，绝对能令你发掘出源源不断的话题，甚至觉得意犹未尽。

在初次见面或交谈中，问对方问题时，要尽量避免问让对方只能回答"是"或"不是"的问题。比如上面的对话我们可以改为："请问哪一班车能去××区？到什么地方搭车？"这样，对方也能详细地回答你了。

而善于谈话者，也都不会仅仅回答"是"或"不是"，一定多加上几句说明或感想，让对方产生继续交谈的兴趣，达到谈话的目的。

在给初次见面的朋友介绍对方时，不要只是简单地说"这是李某，那是张某"之类的话，这会让陌生的双方不易找到话题而陷入沉默的尴尬之地，你不妨简单地介绍一下对方的简历、爱好等，为两位新结识的朋友打开一个海阔天空神聊的窗口，使双方能马上找到共同点，拥有一个共同的话题。

而这也是表现你口才的好机会。

另外，"旧瓶装新酒"是个百用不厌的谈话方式。我们在交谈时，开场白往往是"你好""今天好热呀"之类俗定的寒暄，的确，这是一个适宜每个人的话题，可是常常显得多余乏味。这就需要你引申开来，增加更多的谈资。如果在天气谈论之后加上"真想跳进水里泡一泡"之类的感叹，很可能是打开对方话匣子的钥匙，那么对方的反应绝不仅是"是呀，的确很热"的简单重复了，从而谈话向纵深发展的楔子也就插上了。

趋利避害，说话的时候要学会岔开不利话题

有个大约三岁的小孩站在一家玩具店前大声叫嚷："我要这个！我要这个！"小孩的母亲见到这种情况，便指着天上说："明明，你看，有飞碟。"孩子立刻停止哭闹抬头张望，好像已经忘记刚才自己哭闹要求的东西，不久就乖乖地被母亲牵着消失在人群中了。

这就是流星战术，以转移对方的注意力为目的。

某公司的经营者正在跟劳工代表交涉，快要作出决定时，突然说道："喂！先生，你的声音相当不错，很响亮哦！"一句无关主题的话使劳工代表们面面相觑，不知该说什么好，整个会场的对立气氛立刻缓和，陷入一片寂静中。

《三国演义》中有一个"煮酒论英雄"的故事。一次，曹操邀请刘备在花园饮酒。曹操以手指刘备，又指自己，说："今天下英雄，唯使君与操耳！"刘备一听，大吃一惊，一不小心，手中拿的筷子竟然掉到地上。此时正值大雨将至，雷声隆隆。刘备急中生智，立即从容地说：

"一震之威，乃至如此！"曹操并未觉察，笑了笑，说："大丈夫也怕雷声吗？"刘备说：

"圣人迅雷风烈必变，安得不畏？"

刘备巧妙地将曹操的注意力引到雷声上，从而避开曹操的猜疑。另一则是美国总统林肯在竞选国会议员时与对手卡特赖特牧师的故事。卡特赖特牧师到处散布林肯不承认耶稣、诬蔑耶稣是私生子的言论。林肯当然明白，这是卡特赖特牧师蓄意降低自己在选民中的威信。

一次，卡特赖特牧师在一座教堂里布道时，林肯也在座。卡特赖特便以信奉耶稣为话题，对信徒们说："愿意把心献给上帝、想进入天堂的人站起来。""刷"地一下，信徒们站了一大片。唯有林肯坐着未动。卡特赖特看在眼里，暗暗高兴。他叫站起来的信徒坐下，又紧扣话题，对信徒们说："凡是不愿下地狱的人都站起来吧，我要为你们祈祷，上帝保佑你们！"信徒们又"刷"地一下站了起来。又只有林肯一人不动声色地坐在那里。卡特赖特高兴极了，扫了林肯一眼，严肃地说："大家都愿意把自己的心献给上帝，进入天堂，都不愿下地狱与魔鬼为伍。可是，我注意到只有林肯先生一人例外。请问林肯先生，你到底想到哪里去？"

林肯早就胸有成竹，马上从容不迫地站起来，更换话题说："牧师先生提出的问题很重要，我可以坦率地告诉牧师先生，我既不去天堂，也不去地狱，我要到国会去！"随之，林肯以竞选为题，大力宣传自己的政见，使在座的教友深为其在困境中更换话题，把教堂变为竞选国会议员之讲台的说话才能所折服，拼命地鼓起掌来。

所谓"流星战术"，是一种转移别人注意力的技巧，如上述，表面上看，它只是哄小孩的把戏，事实上，在一些心理紧张的情况下使用，往往能收到意想不到的效果，像上述那位经营者，他能把对立的气氛一瞬间扭转过来，的确是将"流星战术"发挥得淋漓尽致。

刘备为了不让曹操察觉自己的雄心壮志，机智地以雷声掩饰失措，引开曹操的注意力；而如果林肯不接过话题，进行改换，仍以耶稣为题说下去，必然落入尴尬的境地。使用流星战术更换话题需要很高的智慧，也需要很好的口才，而且要巧妙、自然，不露痕迹，才能既平且准，立于不败之地。

能把话说到刀刃上，才是真本事

大多数成功的人都说话有准儿，而不成功的人大多不怎么会说话。如果你真的说话有准儿，请相信，你一定会成功；如果你觉得自己已经是个成功人士，要是你更加能说，你会更加成功。会说话给你的事业、生活和家庭带来的好处是不胜枚举的。

有位理发师傅带了个徒弟。徒弟学艺3个月后，这天正式上岗，他给第一位顾客理完发，顾客照照镜子说："头发留得太长。"徒弟不语。

师傅在一旁笑着解释："头发长些，使您显得含蓄，这叫藏而不露，很符合您的身份。"顾客听罢，高兴而去。

徒弟给第二位顾客理完发，顾客照照镜子说："头发剪得太短。"徒弟无语。

师傅笑着解释："头发短些，使您显得精神、朴实、厚道，让人感到亲切。"顾客听了，欣喜而去。

徒弟给第三位顾客理完发，顾客一边交钱一边笑道："花时间挺长的。"徒弟无言。

师傅笑着解释："为'首脑'多花点时间很有必要，您没听说：进门苍头秀士，出门白面书生？"顾客听罢，大笑而去。

徒弟给第四位顾客理完发，顾客一边付款一边笑道："动作挺利索，20分钟就解决问题。"徒弟不知所措，沉默不语。

师傅笑着抢答："如今，时间就是金钱，'顶上功夫'速战速决，为您赢得了时间和金钱，您何乐而不为？"顾客听了，欢笑告辞。

晚上打烊。徒弟怯怯地问师傅："您为什么处处替我说话？反过来，我没一次做对过。"

师傅宽厚地笑道："不错，每一件事都包含着两重性，有对有错，有利有弊。我之所以在顾客面前鼓励你，作用有二：对顾客来说，是讨人家喜欢，因为谁都爱听吉言；对你而言，既是鼓励又是鞭策，因为万事开头难，我希望你以后把活做得更加漂亮。"

徒弟很受感动，从此，他越发刻苦学艺。日复一日，徒弟的技艺日益精湛。

我们不仅要会干，也要会说。我们在日常办一件极普通的小事，由于说话水平不同，所获得的效果和回报也大不相同。

在闲暇娱乐中，敢于说话又善于说话的人，能随时随地给生活增添乐趣。无论是与朋友结伴，还是与家人相聚，他都可以使人快快活活，令大家感到比上电影院、歌舞厅还能得到更多的乐趣。

同时，我们也常看到许多不敢说话、不善言辞的人所遇到的难堪、尴尬情形。他们的说话不能准确、完全地表达出自己的意图，让听者觉得十分吃力费神，更谈不上能使对方产生共鸣，或心悦诚服地接受其意见。这样就造成了交际上的种种困难，影响工作，影响生活，同时也给自己带来诸多苦恼。

我们每天、每时、每刻都可能会出现在一些不同的场合，而在这各种场合我们都需要说上几句适当的话。如果这几句话的确说得恰到好处，那就能帮我们很大的忙，帮我们解决许多问题，克服许多困难，消除许多麻烦，对我们的工作、生活都大有裨益。

总之，我们每个人都要下苦功夫增强自己的说话信心，提高自己的说话魅力。因为只有如此，才会避免在社交活动中出现失败，才会避免在工作、生活上的困难，才能促进自己事业的成功，使自己的生活变得色彩缤纷、舒心愉悦。

动之以情，轻松说服他
人的心理学

唤醒对方角色心理

在人类社会生活这个大舞台上，每个人都扮演着一定的角色。当人进入角色、角色转换或被赋予某种新角色时，总是产生相应的角色心理意识。例如，一个男士在儿子面前他是父亲，在父亲面前他又是儿子，对妻子而言他是丈夫，在上级面前他又是下级，在下级面前他又是上级，对同级来讲他又是同事。在各种不同的场合，他就应该产生不同的角色心理意识。

然而在现实生活中，有许多人在进入角色、角色转换或被赋予某种新角色时，往往没有意识到这一点而进行及时调整，仍然我行我素，这样就容易导致谬误的发生。要说服这些人，就应该极力唤醒他们的角色心理意识，使之醒悟，认识到自己的过失，自觉改正错误。

下面介绍三种常用的唤醒对方角色心理意识的说服术。

1. 循循善诱的劝导

小柳是一位小学语文教师，他不满某些社会现象，爱发牢骚，甚至在课堂教学中有时也甩开教学内容，大发其牢骚。很显然，他缺乏教师这个角色应有的心理意识。校长了解这种情况后，与他进行了一次诚恳的交谈。校长说："你对某些社会不良风气反感，对教师经济待遇低表示不满，这是可以理解的。心中有气，尽管对我发吧，但是请你千万不能在课堂上发牢骚。少年的心灵本是纯真幼稚的，他们对有些事缺乏完全的了解和认识，你与其发牢骚，何不把那份精力用来给学生讲讲如何振兴祖国？这才是一个称职的教师应该做的。"听了校长这一番语重心长的话，小柳认识到当教师确实不能随意把这种牢骚满腹的心理状态表现出来，不然，对学生会产生不良的影响。从此以后，再也没有听说他在课堂上发牢骚了。

2. 切中要害的点拨

七岁男孩小强，看病时不愿打针。护士小姐对他说："哟，男孩子还怕痛！"经过这一点拨，七岁的男孩就懂得了"男孩子"这个角色意味着勇敢坚强。护士小姐这一说，他感到不好意思，激发出潜意识的角色心理意识，便勇敢地接受注射了。再如，许多教师、家长对那种有些"野小子"气的女生，总是用"女孩子应该温柔含蓄、文静大方"之类的话加以点拨，唤醒她们作为"女孩子"的角色心理意识。

3. 旁敲侧击的暗示

在社会生活中，有些人一时忘记了自己充当的某种角色，使言行出现了偏差。要说服这类人，可以用旁敲侧击的暗示手法，来唤醒他们的角色心理意识，使之幡然猛醒。例如，在一辆公共汽车上，乘务员关车门时夹住了乘客，但自己还不认账。这时一青年打抱不平，对乘务员说："你是干什么吃的！不爱干，回家抱孩子去！"乘务员不肯服软，于是两人吵了起来。这时，车上有位老工人看看青年胸前的厂徽，想起了什么，挤了过去，拍拍青年的肩膀说："小国，你当机修大王还不够，还想当吵架大王吗？"青年说："师傅，我可不认识你呀！""我认识你，上次我去你们厂，你站在门口的光荣榜前欢迎我，那张大照片可神气呢！"小伙子一下红了脸。老工人说："以后可不要再吵架了，这不是解决问题的办法嘛！"一场纠纷就平息了。老工人的劝架，没有正面去说理，而是用旁敲侧击的办法，以小青年光荣榜上的历史暗示他，唤醒他作为一个劳动模范的角色心理意识，在无意识中为他提供了一种行为准则。

总之，唤醒对方角色心理意识是一种行之有效的说服术。它是从角色心理学的角度激发了对方潜意识中的"良知"，促进其在进入角色、角色转换或被赋予某种角色时，尽快产生与之相应的角色心理意识，以适应新的角色要求，使社会生活更和谐、更有序。这种独特的攻心说服术，在人际交往中具有很强的应用性。

不掌握技巧，说服就难以达到效果

在生活中需要说服的对象有很多，他可能是你的亲人、你的上司、你的顾客、你的朋友、你应聘的主考官……在生活中，随时可能遇到要说服别人的情况，如果不掌握技巧，说服就难以达到理想效果，以下六种说服技巧值得借鉴。

1. 调节气氛，以退为进

在说服时，你首先应该想方设法调节谈话的气氛。如果你用和颜悦色的提问方式代替命令，并给人以维护自尊和荣誉的机会，气氛就是友好而和谐的，说服也就容易成功；反之，在说服时不尊重他人，拿出一副盛气凌人的架势，那么说服多半是要失败的。

有一位中学老师接管了一个差班班主任工作，正好赶上学校安排各班级学生参加平整操场的劳动。这个班的学生躲在阴凉处谁也不肯干活，老师怎么说都不起作用。后来这个老师想到一个以退为进的办法，他问学生们："我知道你们并不是怕干活，而是都很怕热吧？"学生们谁也不愿说自己懒惰，便七嘴八舌地说，确实是因为天气太热了。老师说："既然是这样，我们就等太阳下山再干活，现在我们可以痛痛快快地玩一玩。"学生一听就高兴了。在说说笑笑的玩乐中，学生接受了老师的说服，不等太阳落山就开始愉快地劳动了。

2. 争取同情，以弱克强

渴望同情是人的天性，如果你想说服比较强大的对手时，不妨采用这种争取同情的技巧，从而以弱克强，达到目的。

有一个十五岁的山区小姑娘，不幸被拐到上海卖淫。当天晚上，一个中年人走了进来。小姑娘叫了声："伯伯！我一看伯伯就是好人，看你的年龄，与我爸差不多，可我爸就比你苦多了，他在乡下种田，去年栽秧时，他热得中暑……"说着说着，眼泪就哗哗地流了下来。中年人的脸涨得通红，短暂的沉默后，开门走了。聪明的小姑娘的一句"伯伯"，便一下子拉开了两人年龄距离，让中年人不由得想起自己那同样处于花季的儿女。同情的种子开始在他心头萌发了。接着小姑娘又不失时机地用"我爸"和"中年人"对比，进一步强化了"中年人"的同情心理。

3. 善意威胁，以刚制刚

很多人都知道用威胁的方法可以增强说服力，而且还不时地加以运用。这是用善意的威胁使对方产生恐惧感，从而达到说服目的的技巧。

在一次集体活动中，当大家风尘仆仆地赶到事先预订的旅馆时，却被告知当晚因工作失误，原来订好的套房（有单独浴室）中竟没有热水。为了此事，领队约见了旅馆经理。

旅店经理说，锅炉工回家了，他无能为力。领队说："您有两个办法，一是把失职的锅炉工召回来；二是您可以给每个房间拎两桶热水。当然我会配合您劝大家耐心等待。"这次交涉的结果使得经理派人找回了锅炉工，四十分钟后每间套房的浴室都有了热水。威胁能够增强说服力，但是，在具体运用时要注意以下几点：第一，态度要友善；第二，讲清后果，说明道理；第三，威胁程度不能过分，否则会弄巧成拙。

4. 消除防范，以情感化

一般来说，在你和要说服的对象较量时，彼此都会产生一种防范心理。这时候，要想使说服成功，你就要注意消除对方的防范心理。

如何消除防范心理呢？从潜意识来说，防范心理的产生是一种自卫，也就是当人们把对方当作假想敌时产生的一种自卫心理，那么消除防范心理的最有效方法就是反复给予暗示，表示自己是朋友而不是敌人。

有个"的姐"把一男青年送到指定地点时，对方掏出尖刀逼她把钱都交出来，她装作害怕的样子交给歹徒三百元钱说："今天就挣这么点儿，要嫌少就把零钱也给你吧。"说完又拿出二十元找零的钱。见"的姐"如此爽快，歹徒有些发愣。"的姐"趁机说："你家在哪儿住？我送你回家吧。这么晚了，家人该等着急了。"见"的姐"是个女子又不反抗，歹徒便把刀收了起来，让"的姐"把他送到火车站去。见气氛缓和，"的姐"不失时机地启发歹徒："我家里原来也非常困难，后来就跟人家学开车，虽然挣钱不算多，可日子过得也不错。何况自食其力，穷点儿谁还能笑话我呢！"火车站到了，见歹徒要下车，"的姐"又说："我的钱就算帮助你的，用它干点正事，以后别再干这种见不得人的事了。"一直不说话的歹徒听罢突然哭了，把三百多元钱往"的姐"手里一塞说："大姐，我以后饿死也不干这事了。"说完，低着头走了。在这个事例中，"的姐"就是运用了消除防范心理的技巧达到了说服的目的。

5. 投其所好，以心换心

站在他人的立场上分析问题，能给他人一种为他着想的感觉，常常具有极强的说服力。要做到这一点，"知己知彼"十分重要，唯有这样才能站在对方的立场上考虑问题。

6. 寻求一致，以短补长

习惯于顽固拒绝他人说服的人，经常都处于"不"的心理组织状态之中。对付这种人，如果一开始就提出问题，绝不能打破他"不"的心理。所以，你得努力寻找与对方一致的地方，先让对方赞同你远离主题的意见，从而使之对你的话感兴趣，而后再想法将你的主意引入话题，而最终求得对方的同意。

有一个驼背小伙子固执地爱上了一个商人的女儿，但姑娘始终没有正眼看他。一天，小伙子找到姑娘，鼓足勇气问："你相信姻缘天注定吗？"姑娘眼睛盯着天花板答了一句："相信。"然后反问他："你相信吗？"他回答："我听说，每个男孩出生之前，上帝便会告诉他，将来要娶的是哪一个女孩。我出生的时候，未来的新娘便已经配给我了。上帝还告诉我，我的新娘是个驼子。我当时向上帝恳求：'上帝啊！娶一个驼背的妇女将是个悲剧，求你把驼背赐给我，再将美貌留给我的新娘。'"最终，那位姑娘成了他最挚爱的妻子。

总之，说服别人要有一定的技巧，掌握了这种技巧，你才有可能说服别人，获得成功。

掌握层递渐进，不必急于求成

在现实生活中，成功地说服别人并不是一件轻而易举的事，特别是被说服人的思维惯性和既成偏见相当顽固的时候。面对这种情况，我们在进行说服时不必急于求成，可以采用"层递渐进"的技巧，来逐步说服对方。具体来说主要有以下方法。

1. 由大及小的层层剥离

在说服别人时，可以采用由大及小的方法去分析整理，这是一种由点及面、层层剥离的技巧，可以使被说服者对说服者所持的观点、内容有一个较为深刻细致的了解，并能减轻对方接受新观点的心理压力，进而心悦诚服地改正错误。

例如，某饭店服务员孙小姐拾到顾客遗失在店内的手机，想据为己有，被领班李大姐发现了，让她上交，可孙小姐说："手机是我拾的，又不是偷的，更不是抢的，不上交也不犯法。"李大姐："小孙，你知道什么叫'不劳而获'吗？""不知道！"孙小姐嘟着嘴回答。李大姐说："不劳而获是不经过劳动而占有劳动果实！你说，抢别人的东西是不是不劳而获？""是的。""你说，偷别人的东西是不是不劳而获？""当然是的。""那么，拾到别人的东西据为己有是不是不劳而获呢？"孙小姐语塞了。李大姐顺势说道："拾到别人的东西据为己有和偷、抢得来的东西，在不劳而获这一点上是相通的。除了国家法律，我们还应有一定的社会公德，再说店里也有工作守则规定，拾到顾客遗失的物品要交还，你可不能犯糊涂啊！"经过李大姐的教育，孙小姐终于认识到自己的错误，把手机交了出来。

在这里，李大姐不是避开孙小姐振振有词的歪理，而是有意和她弄清楚一个看似与论题无关的不劳而获的意义，再诱导她由大及小，从面到点，步步推进，层层剥离，最后才切入实质性问题：拾到东西据为己有，同偷、抢一样是不劳而获，是同样可耻的行为。一席话使孙小姐受到了教育，打消了错误念头。

2. 由小及大的招招紧跟

在说服别人时，也可以分步骤分阶段去分析事理，这是一种得寸进尺、招招紧跟的说服方法。此法的好处是容许被说服者在接受说服的过程中，存在一个认识过程，获得一些全新的认识。

美国费城电气公司的推销员吉勃到一个州的乡村去推销电，他叫开了一所富户的家门，户主是一位老太太。起初她不肯开门，吉勃再次叫门，门勉强开了一条缝。吉勃说："很抱歉，打扰你了。我知道您对电不感兴趣，所以这一次登门并不是来向您推销的，而是来向您买些鸡蛋。"老太太消除了一些戒意，把门开大了一点。吉勃继续说："我看见您喂的明尼克鸡很漂亮，想买一打新鲜的鸡蛋带回城。"接着充满诚意地说："我的来航鸡下的蛋是白色的，做的蛋糕不好看，所以，我的太太就要我来买些棕色的蛋。"这时候，老太太从门里走出来，态度比以前温和了许多，并且和他聊起了鸡蛋的事。吉勃指着院子里的牛棚说："老太太，我敢打赌，您养的鸡肯定比您的丈夫养的牛赚钱多。"老太太被说得心花怒放。于是她高兴地把他带到鸡舍参观。吉勃一边参观，一边说："您的鸡舍，如果能用电灯照射，鸡的产蛋量肯定还会增多。"老太太似乎不那么反感了，反问吉勃用电是否合算。吉勃给了她满意的回答。两个星期后，吉勃在公司收到老太太交来的用电申请书。

吉勃之所以能说服固执的老太太，诀窍在于他不急于求成，而是采用由小到大、招招紧跟的说服方法，一步一步具体而又细致地为对方剖析情势，为其出谋划策，这就一步一步地把双方的心理距离拉近了，促使老太太的态度一点一点地发生改变，就这样由小到大地一步一步逼近预定目标，最终取得了说服的成功。

3. 由此及彼的渐渐推理

如果正面说服别人有一定的难度，不妨暂且远离话题，向对方谈论另一件看起来与之毫不相干的事，再诱导对方归纳出其中蕴含的道理，然后由此理渐渐切入彼理，进行以此类推，回到原来所论，对方只得依常理而服气。

黄女士是某大学外国留学生的汉语教师，她上课时，日本留学生山田大辅常常迟到，而且总是穿着拖鞋进教室，只要他一到，噼噼啪啪的响声就闹得教室十多分钟安静不下来，黄女士每次向他指出，他总是油腔滑调地回答："老师，我只有一双拖鞋，要是不让穿，我只好不来上课。"他的话引得留学生们哄堂大笑。有一次，上课时讲风土人情，黄老师请各国留学生介绍自己国家的文化，有意让山田大辅介绍日本国家的"榻榻米"，山田大辅来劲了，跑上讲台连说带比画地告诉大家使用"榻榻米"的规矩，黄老师冷不防插问道："如果有人一定要穿着鞋子踩上'榻榻米'，日本人会怎么看呢？"山田大辅不假思索地回答："那日本人一定会认为这个人脑子有病。"黄老师笑了，然后问道："那么，在中国大学的课堂里，你一定要穿拖鞋来上课，中国人怎么看你呢？"山田大辅愣了半天，恍然大悟道："老师的圈套大大的，我钻进去了。"第二天他穿了一双崭新的运动鞋走进教室，还故意朝黄老师抬了抬脚。

总之，说服的过程是说服者对被说服者攻心的过程，也是被说服者心理渐变的过程。运用"层递渐进"的说服技巧，从理论上讲，符合心理学的基本规律，在实践中往往能取得理想的说服效果。

设身处地替别人着想，了解别人的态度

美国汽车大王福特说过一句说："假如有什么成功秘诀的话，就是设身处地替别人着想，了解别人的态度和观点。"因为这样不但能得到你与对方的沟通和谅解，而且能更清楚地了解对方的思想轨迹及其中的"要害点"，瞄准目标，击中"要害"，使你的说服力大大提高。

曾经有人说，要想让别人相信你是对的，并按照你的意见行事，首先必须要人们喜欢你，否则你就要失败。可是如果我不能设身处地站在别人的角度，找到别人的诉求，又怎么可能让对方喜欢呢？

一个人最关心的往往是与自己有关的一些利益，因为人们毕竟生活在一个很现实的社会里，虽不能说"人为财死，鸟为食亡"，但人要生存，就离不开各种与己有关的利益。所以，当你想要劝说某人时，应当告诉他这样做对他有什么好处，不这样做则会带来什么样的不利后果，相信他不会不为所动。

只有替他人着想才有说服力。

卡耐基有一次租用某家饭店的大礼堂来讲课。有一天，他突然接到通知，租金要增加三倍。卡耐基去与经理交涉。他说："我接到通知，有点儿震惊，不过这不怪你。如果我是你，我也会那样做。因为你是饭店的经理，你的职责是尽可能使饭店获利。"

紧接着，卡耐基为他算了一笔账："将礼堂用于办舞会、晚会，当然会获大利。但你撵走了我，也等于撵走了成千上万有文化的中层管理人员，而他们光顾贵饭店，是你花五千美元也买不到的活广告。那么哪样更有利呢？"经理被他说服了。

卡耐基之所以成功，在于当他说"如果我是你，我也会那样做"时，他已经完全站在了经理的角度。接着，他站在经理的角度上算了一笔账，抓住了经理的诉求：盈利，使经理心甘情愿地把天平砝码加到卡耐基这边。

　　有家电视台，每周设置一次关于人生问题讲座的节目，收视率比其他时段的节目要高出许多。

　　收视率之所以偏高，当然有许多的原因，但其中最重要的原因，是观众们欣赏节目中的巧妙答话。

　　大多数有疑难问题而上电视请教的观众，在开始时会对解答者所做的种种忠告提出反驳或辩解，并且显得十分不情愿接受对方所言。但久而久之，于不知不觉中就会对解答者所说的每一句话都颔首称是，看着电视画面，觉得比在电影院看一场电影还要好。

　　凡电视台的主持人或问答者，无不是精挑细选才产生出来的，所以光是听听他们的说服方式也获益不少。

　　对于不易说服的人，最好的办法就是使对方认为你与他是站在同一立场的。通常出现在这类探讨有关人生问题的电视节目上的观众，以离婚女子占多数。此时负责解答疑难者常说的一句话是："如果我是你，我会原谅你，而且绝不与他分手。"

　　你千万别认为话中的"如果我是你"只是短短的单纯的一句话而已，殊不知它能发挥的效力是多么不可限量！而这也是由于人人都认为"自己是最可爱的"心理所致。

　　如果你在说服别人的过程中，无意间使用了一些不太妥当的言辞，由于你巧妙地运用这句"如果我是你"，结果就会弥补你言辞上的过失。不仅如此，它还能促使对方做自我反省，并终于感觉到唯有你的忠言，才是对自己最有利的。

　　除了替他人着想外，还可以用巧妙的表达技巧来增强说服力，因为说服力并不是一个常量，它是变动的，是可以增加的。为了成功地劝说别人，以下四点经验值得借鉴。

（1）善用地利

许多人在自己的客厅里说话比在别人的接待室里说话更有说服力，因此，精明的交涉者在与人洽谈重要事务时，总是争取在自己的而非对方的办公室里进行。

英国心理学家威廉和他的助手查里曾做过一次实验。他们先给部分选定的大学生评分，鉴定他们对别人的影响力，然后把其中愿意者分成三人一组，每组由影响力大、中、小不同的人组成，然后请他们讨论并表决该校预算中十项可以削减的项目哪几项最宜减掉。一半的小组会议在影响力最大者的寝室里召开，另一半则在影响力最小者的寝室里进行。最后的结果显示：讨论时，即使主人的影响力最小并且客人开始也持反对意见，最终还是屈从了主人。

（2）注意仪表

英国某镇内有一位艺术家，常因一些地方问题到镇议会去控诉。他去时常穿一件油渍斑斑的工作服，胡子也不刮。因为他从来看不起那些衣冠整齐来取悦于人的人，认为人只要有头脑，别人就会听取他的意见，穿着好坏并无关紧要。可事实是，年复一年，照样没人理会他。他则自我麻醉地认为这是由于那些人愚蠢。

也许是吧，不过，他自己也聪明不了多少。

心理学家塞肯曾召集了68名学生志愿者，吩咐他们每人跟四位行人谈话，请求他们支持一个反对校内早餐供应肉类的团体。在跟行人接触前，研究人员对每位志愿者的各种情况，如外表是否漂亮，口齿是否伶俐，能否令人信赖，能否说服人以及智力高低等等，都做了鉴定。结果发现，在相同条件下，外表漂亮者一般比不大漂亮者更为成功。

（3）论据要坚实

什么样的论据才有说服力？这是一个很值得重视的问题。一个很基本的要求就是论据要坚实可靠，不可使人产生不信任感。人们相信：

向听者提供切实的资料比提供主张更有力。但对于一个犹豫不决的人来说，资料来源也是很有影响的，并且其影响之深不亚于资料本身。这并非因为人们只信任特定来源而不信任其他的来源，而是因为他们听到引述的话来自十分可信的权威，便不会再为自己的成见辩护。这是一种非常奇妙的心理作用。不过，引述权威的意见也不宜过分，过犹不及。资料太多也可能引起听者的反感。

（4）运用经验和例证

善于做说服工作的人都知道人们做事受个人的具体经验的影响比受空空洞洞的大道理的影响要大得多。对于一个病人来说，如果大夫劝他服某种药物，那么即使医生再三证明这种药物有效，说了许多的药理知识和道理，病人总还是不免心存疑虑的。但如果换一种方法试试，如医生告诉他：我自己也服这种药，只用了一个疗程就大病痊愈了。听了这样活生生的个人体验，病人一定再也不会有所顾虑了。

心理学家塞肯研究这种方法的效果时发现，成功的推销员往往使用具体的例证向顾客说明：他们现在的选择已有人做过。

再次强调，说服力并不神秘，它是人的天赋所致，也是可以学习和提高的。只要你掌握一些说服人的真正技巧，那么你便不怕说服不了人。

诱导，让你的说服更有效

诱导，就是有次序地、耐心地诱发、引导对方思考，让人真正想通、弄懂。以诱导技巧说理，尽管会多费一点口舌，但如果能使对方心悦诚服，这些口舌也就很有价值了。

战国时，秦国大兵进犯赵国，赵国请求盟国齐国出兵解围。但齐国一定要赵太后最宠爱的小儿子长安君做人质才肯出兵。赵太后舍不得儿子，不肯答应，于是文武大臣轮流劝谏。赵太后生气了，她扬言谁再劝谏，就吐谁一脸口水。

这时候，触龙出马了，他先问候太后身体是否安康，饮食是否称心。然后说，他这次来见太后的目的是希望太后答应让自己的小儿子出任宫廷侍卫，以免自己死后没有人照顾他。

太后笑着问："男子也疼爱自己的孩子吗？"

触龙说："男子疼爱自己的孩子胜过妇人疼爱自己的孩子。"

太后反驳道："还是妇女更疼爱自己的孩子。"

触龙又说："我觉得您疼爱自己的女儿胜过长安君。"

太后笑着说自己疼爱长安君多一点。

触龙则说道："公主出嫁的时候，您抱着她哭泣，平日里您也很想她，但您还是祈祷您的女儿不要回来，为的是什么？是为了公主在异国开枝散叶，子孙世代为王，您为公主考虑得很长远，为长安君考虑得却很短浅。一旦您去世了，长安君一点功劳也没有，如何在赵国存身呢？"

太后听到这里，马上说："我这就为长安君准备车马，让他去齐国。"在这里触龙采取的方法就是诱导。

诱导技巧的关键在"诱"字，立足在"导"字。要诱得巧妙，导得自然，应做到下面几点：

首先，要有目的地诱。要有明确的说服目的，有的放矢，所有的诱导内容，都为总目的服务。触龙的目的就是让太后答应让长安君去齐国做人质。其次，要有步骤地诱。既有总体设计，又有分步计划。每一步怎样诱导，怎样发问，谈话前都要经过深思熟虑，胸有成"话"。这样，环环紧扣，步步深入，最后，矛盾突现，诱使对方在无法解决的矛盾面前自我否定。触龙就是先一步步瓦解太后的戒心，把太后引到自己的圈套中来。另外，还要有预料地诱。每步诱导中，对方会怎样讲，可能有几种讲法，怎样随机应变，都要有预料。这样才能使自己的诱导不变成"哑炮"，一个人唱独角戏。要诱导出对方的话，开启其思路，就要预先有个通盘打算。

总之，诱导，让你的说服更有效，要认真构思，事先把各方面的环节想清楚，谈话中又要针对实际情况，灵活应变。

沉默是金，三思而行背后
的心理学

在发表意见前，多想办法，少做主张

言语要有价值，必须以行动来支持。只开花不结果的树通常是无心无髓，人要分清哪种树结果实，哪种树只能用来遮阴。

"人微言轻"四个字，你必须记牢，你要忠于自己的本职，少谈主张，多想办法。

但是你的办法是否妥善，也有两种意思，一是办法本身的妥善，二是上司心理上的妥善。不合上司心理的办法，是善而不妥，合于上司心理的办法，才是善而且妥，因此如何揣摩上司心理，这是很要紧的问题。

有的上司喜欢详尽的办法，有的上司喜欢简明的办法，你把详尽的办法给喜欢简明的上司看，这当然不妥；你把简明的办法，给喜欢详尽的上司也是不妥。揣摩的方法如下：

第一，请教老同事，他们能够把经验告诉你，只要你执后辈之礼，他自然肯说的。

第二，两手准备，同时拟就两样办法，一种是详尽的，一种是简明的，一起交给上司，请他选定。经过此次试探，他的心理你明白了，以后可以单做一种办法。经过此次试探，同时使得上司知道你的办法不止一种，他对你的印象会格外好些。

第三，有备而来。当你向上司请示"这件事应该如何处理"时，上司或许会反问你："那么你要怎么处理呢？"当上司这样反问你的时候，你会不知所措，无法回答吗？如果是这样，这就等于没有自己的思考和判断。所以当你要去请示上司时，心里一定要先想好自己要怎么做，然后再去请示主管是否同意你的做法。

在提出你的做法之前，同样要收集许多正确的情报，然后整理、分析，这样才能获得上司的认可。有时候自己精心想出来的应对方案可能被上司一口回绝，但是千万不可以因自己提的方案很可能被驳回，就依赖上司的判断，自己不动脑筋。无论如何还是要提出自己的方案，把自己的想法整理一下，再和上司的比较看看，就可以看出自己在分析问题的深度和周全性方面，还有哪些不足的地方。

当自己提出的方案和上司的决定有出入时，你只要慢慢去体会上司的思考倾向，久而久之自然能了解上司的想法，下次再遇到同样的问题时，就会考虑得更周到了。这是年轻人磨炼实力的最好办法。

另外，有了自己的方案以后，不能就自以为是地把结论丢给上司，而不提供一些正确的情报，也不能任性地觉得只有自己的方法才能解决问题，对于别人的话一概不听。因为最后下判断的还是上司，属下对上司的决定还是得服从的。

在公司里也常会看到一些人，当公司发生一些和自己的工作没直接关系的问题时，就会毫不留情地加以批评，特别是年轻人更容易逞口舌之快。但是，批评不能解决问题。只是一味地批评而没有提出解决方案，是一种不负责任的做法，如果你对这个问题也没有办法解决，那么最好不要乱下批评，虽然并不是每个人都能对问题提出看法，但是只要努力一下，针对事件来观察，就可以发现问题所在了，不过更重要的却是解决问题的能力。

在公司中有一些人员只会对公司的经营方针、管理组织、上司的做法加以批评，而自己却从来没有实际行动，这种人被称为"评论家"，在公司里是最不受欢迎的。因此，不可妄加评论，在发表意见前，要多想办法，少做主张。

说话如写电报，言辞在精而不在多

说出去的话就如泼出的水，出口容易，但收回不大可能。说话如写电报，言辞在精而不在多。

说话技术与你一生沉浮荣辱有莫大关系，因此有必要了解说话的七疑八忌：

第一种疑心是你同对方议论某种问题，因为还未能明白他的见解与意向，于是笼而统之，述其大端，以观他的反应，而你不失未透，一得之论，无当于事，庸碌如此，浅陋如此，还须再读十年书，何必妄论天下事。

第二种疑心是如果你对于某种问题，自信确有心得，对他畅论一切，旁征博引，不厌其详，你以为可以表现你的学问，引起他的注意，谁知他却以为你是所得芜杂，并无独到之处，至多不过是卖弄学识，哗众取宠。

第三种疑心是说话应仔细斟酌，不该说却率性而言，有时反而引起对方的疑心。你同对方议论他的雇员，你以为是一番好意，其实你已犯了"新间旧，下犯上"的毛病。话虽不错，他却以为你是有意离间，有意挑起争端，破坏他们的团结，从此对你产生极大的怀疑，心中不愉快，甚或格外与你疏远。

第四种疑心是你同对方议论他的两个职员，说 A 的优点是什么，缺点是什么，B 的行为如何，品质如何，能力如何，你的话也许说得不错，而他却以为你是有意打探他的反应，获得一些表示，以此告知他们，使他们知道你与他可以无话不谈，因此提高你的身份，不然何必那么喋喋不休。

第五种疑心是你同对方议论他手下的憎厌分子，当然你的说话是一种公平之论，他们的所长所短，双方面都加以评价，意在减低他的憎厌心，使他知道憎厌的人也有长处可取。"君子成人之美，不成人之恶"，你的用心无可厚非，他却以为你是有意刺探他含怒的原因，以及含怒的深浅，完全是结党营私。

第六种疑心是你同对方议论他手下的亲信，当然你的说话是着重于他们的特点及长处，绝不会攻其所短，论理正投他所好，一定乐于接受，谁知他的反应恰恰相反。虽然你的话句句与他所知相合，他并不以为你真能认识他的所爱，以为你是妄想加入他们的群体，彼此结成一体。

第七种疑心是你同对方议论某种问题，为了各种顾忌，只谈原则，不论事实，略示诚意，你以为巧妙，他却以为你是畏首畏尾，不敢直说，顾忌太多，安能办事？

第一忌：他做的事，别有用心，他极力掩蔽，不为人知。你对他的用心甚是清楚，他虽不能断定你一定明白，终是对你十分猜疑。你便进退维谷，既无法对他表明一无所知，也无法表明绝对保密，那你将如何自处呢？你唯一的办法，只有装傻充愣，若无其事。

第二忌：世故圆滑的人，对人总是唯唯诺诺，可以不开口，情愿学人之三缄其口，实行其"庸言之谨"。他有隐私的事情唯恐人知，你偏在无意中说着他的隐私，言者无心，听者有意，认为你是有意揭破他的伤疤，他便恨你入骨。

第三忌：他有阴谋诡计，你却参与其事，代为决策，认为得当。一方面，可以说你是他的心腹；反过来，你是他的心腹大患。你虽守秘密，从绝口不提，不料另有智者，看得一清二楚，说得明明白白，那么你就难逃走漏消息的嫌疑，无办法的办法，你只有多亲近他，表示绝无二心，同时设法侦知泄密的人。

第四忌：他对你尚无深知，没有十分信任，你偏力求讨好，对他说肺腑之言，即使采用，但适得其反，他一定疑心你有意捉弄他，使他上当；即使试行结果很好，对你未必增加好感，以为你是偶然看到，实行又不是你的力量，怎好算你的功劳，所以你还是不说话的好。

第五忌：他有罪过被你知道，你认为大大的不对，不惜维护正义，直言劝谏，他本唯恐人知，你去揭破，他自十分惭愧，由惭愧而愤恨，由愤恨而与你发生冲突，你又凭空多了一个冤家，你还是不说的好，即使劝告，也以委婉为宜。

第六忌：他的成功，计出于你，他是你的上司，深恐好名誉被你抢去，内心惴惴不安，这种情形，应该到处宣扬，逢人便说，极力表示这是上司的善谋，这是上司的远见，一点不要透露你有什么贡献。

第七忌：他不能做的事，你认为应该做，而强要他必须做到。对于某事，他是箭在弦上，不能不发，或业已骑虎难下，你认为不应该做，而强要他必须终止。但是事实如此，虽强之也不会有效。在你的道义上，当然不应该熟视无睹，不妨进言婉劝，使他自己觉悟，自己来发动，自己去终止，这是上策。万一他不愿接受你的劝告，也只好适可而止。如果过于强求，只会白费心思。

第八忌：如果你勇气十足，就事论事，痛陈利弊，极言得失，语气激昂，忠义之气溢于言表，你以为如此必能打动他，谁知他却以为你是性情粗野，缺少涵养功夫，阅历未深，人情未熟，未能顾虑周详。

究其病根，是由于彼此间的认识没有清楚，你虽然认识他，他没有认识你，单方面的认识，还不是说话的时候，贸然进言，总是引起他的疑心，你还是致力于使他彻底认识你的功夫，不要急于说话。这就好比雄鸡司晨，一鸣而天下皆动，但是在黄昏试啼，人家还以为不祥之兆呢！

安静、专心地倾听会产生强大的魔力

孟子说："不得其人而言，谓之失言。"

有这样一个小故事：

战国时期，清谈流行，贵族们尤其喜欢品评人物。有人问宰相苏秦：你觉得某某人怎样？苏秦要评论，又停下来看了看这个人，然后对他说："你这个人喜欢传闲话，还是不告诉你为好。"其实，苏秦位高权重，并不怕这个人传闲话，他这样说或许还有告诫的意思，否则，连这句话都不必说，只回答"今天天气哈哈哈……"就够了。

对方倘不是相知的人，你也畅所欲言以快一时，对方的反应是如何呢？你说的话，是属于你自己的事，对方愿意听你的吗？彼此关系浅薄，与你深谈，显出你没有修养；你说的话，若是属于对方的事，你不是他的挚友，不配与他深谈，忠言逆耳，显出你的冒昧。

所以逢人只说三分话，不是不可说，而是不必说，而是不该说！老于世故的人，是否事事可以对人言是另一问题，他的只说三分话，是不必说和不该说的关系，绝不是不诚实，绝不是狡猾。

有时你的只说三分话，正是你的服务道德。做保密工作的自不必说；做医生的人，普通的病人，或者可以对人提及，对于患花柳病的病人，你是绝对不该对人提及的，这是医生的服务道德；做人事工作的人，掌握工作单位所有人的档案，某某何时得升迁，何时受处分，自然了如指掌，但是绝不可随便透露，如果口风不严，就可能授人以柄，陷入麻烦；做银行业务的人，业务大概情形，或者可以对人提及，对于存款人的姓名，你是绝对不该对人提及的，这是银行人员的服务道德，依此类推，只说三分话的例子还多着呢。

说话本来有三种限制，一是人，二是时，三是地。非其人不必说，非其时，虽得其人，也不必说，得其人，得其时，而非其地，仍是不必说！非其人，你说三分真话，已是太多；得其人，而非其时，你说三分话，是给他一个暗示，看看他的反应；得其人，得其时，而非其地，你说三分话，正是为了引起他的注意，如有必要，不妨择地做长谈，这叫作通达世故的人。

过去，心理学家常常认为我们应该把自己的事情讲出来，告诉别人，但现在人们逐渐发现在与别人的交往中有时更需要忍耐和沉默。

你必须认识到沉默与精心选择的词具有同样的表现力，就好像音乐中心音符与休止符一样重要。沉默会产生更完美的和谐，更强烈的效果。

在商业或私人交际中，无言也许是最好的选择之一。

一个印刷业主得知另一家公司打算购买他的一台旧印刷机，他感到非常高兴。经过仔细核算，他决定以二百五十万美元的价格出售，并想好了理由。

当他坐下来谈判时，内心深处仿佛有个声音在说："沉住气。"终于，买主按捺不住，开始滔滔不绝地对机器进行褒贬。

卖主依然一言不发。这时买主说："我们可以付您三百五十万美元，一个子也不能多给了。"不到一小时，买卖成交了。

在日常交往中，沉默往往会给你带来益处。在某些场合，沉默不语可以避免失言。许多人在缺乏自信或极力表现得礼貌时，可能会不假思索地说出不恰当的话给自己带来麻烦。

研究谈话节奏的学者们认识到，有张有弛的谈话在人际交往中至为重要。《谈话的艺术》的作者、心理学教授格瑞德·古德罗解释说："沉默可以调节说话和听讲的节奏。沉默在谈话中的作用就相当于零在数学中的作用。尽管是'零'，却很关键。没有沉默，一切交流都无法进行。"

正确的交流由两方面构成：既被人关注，又关注别人。安静、专心地倾听会产生强大的魔力，使谈话者更加心平气和、呼吸舒畅，连面部和肩部都放松下来。反过来，谈话者会对听众表现得更加温和。

当你发怒、焦虑或自己想大发雷霆时，请你喝上一杯水或是握着自己的双手，然后露出你的微笑。这种简单的方法或许可以帮助你控制住情感。

记住了：言多必失，逢人只说三分话，未免不是一种自保之路。

了解别人太多的私事，不是好事

人与人之间相处，最忌交浅言深，这种情形如果发生在办公室，它所造成的负面影响不能忽略。

"言多必失"有时又表现为不负责的传播谣言或小道消息。办公室里，有人特别喜欢向你倾诉心事。可是，知道别人太多的私事，却不是好事。尤其是在办公室里，更有可能平白地为自己惹来麻烦，甚至埋下定时炸弹。

同事之间因为夹杂了利害关系、人事关系，今天的好搭档，明天却有可能变成对手。所以为了保护自己，最好别轻易将感情放到同事身上，只要合乎礼貌，一般的人情就可以了。下一回，当某同事向你诉苦时，不妨改变一下态度，依然关心对方，但不要单独关心。即是说对方找着你，你明知他有大量"苦水"，可以多邀一位同事一起去开导他。对方讲的是私事，倒不妨客观地给他分析，但提意见时请避重就轻。"我以为这件事不一定是好事，但我的意见并不全面，奉劝你重新将整件事分析，再决定对策。"若对方烦的是公事，那么你只宜当听众了，以免卷入无谓的旋涡。

在许多时候，你一时口快，或者误以为对方早已知晓，总之是无心之失，将有关某同事的小秘密泄露了出来，怎么办？

例如，你与小张吃午饭，小张明明与小李表面上很友好，所以你以为对方一定对小李之事了如指掌，于是说话随便得很。你问："小李那天碰钉子，真是倒霉！"对方瞪着双眼反问："究竟发生了什么事呢？"当下，你明白碰钉子的是你自己，如何"补救"？

你可以这样答复对方的问题："我是说小李那天迟到却碰巧遇到上司罢了。"随便找一个小事谈谈，装作一派漫不经心，然后快快另找一个话题，将对方的注意力分散。

这种错误，其实只有你自己知晓，所以没有慌乱的必要。装作无知，摆明你是什么也不知道的。这样，即使事情搞大了，起码泄露的人不是你！当然你更万万不该自动向当事人谢罪。

你刚到一个新的工作环境，同事对你表示友善而欢迎的态度，大家一起出外午餐，有说有笑，无所不谈。但其中一名同事可能跟你最谈得来，乐意把公司的种种问题以及每一位同事的性格尽诉。你本来对公司的人事一无所知，自然也很珍惜这样一位"知无不言，言无不尽"的同事，彼此谈得相当投机。你开始减低自己的防卫，看到什么不顺眼、不服气的事情，也与这位同事倾吐，甚至批评其他同事不是之处，借以发泄心中的闷气。

如果对方永远是你的忠心支持者，问题自然不大。但你了解这位同事有多少？要知道"说是非者，是非之人"。你怎么知道你与对方不过数月的交情，比他与其他同事的感情来得深厚？为逞一时口舌之快，你把不该说的说出来，对方手上便有了一张王牌，随时随地都可以把你曾批评过其他同事的话公之于众，那时你在公司还有立足之地吗？

同级的行政人员，常会聚在一起谈论公事。当某主管欲提升下属向你征询意见时，请三思而后言，因为你的表现可以反映你的形象。

若你对此人根本没有好感，索性说："我不会推荐他！"但不必详加解释，指出你为何不喜欢他，或他过去有什么叫人不满的地方。总之，无论是你体验过的，或道听途说的，都不必再提。重点只是，你相信他不能胜任新职，所以不便推荐。

如果你觉得这位职员十分突出，"他是个很好的助手"这类评语太空泛了，同事会认为你不够细心。应该列出一些特别的例子以加强分量，这样才显出你的观察力过人。例如说："他往往能和不同类型的顾客保持良好的合作关系。"将来这人在适当的职位上表现出色，那么你的声誉同样会提升。

要是你认为此人颇为能干，但有些方面仍不足时，可以有所保留地说："我跟他接触不多，不好妄下评论啊。"这样，你并没有说他不能任新职，但如果以后他表现叫人失望，也与你无关。

在很多情况下，你只应该做个听众。如你的两位好同事由亲密恋人宣告分道扬镳，而他俩又分别向你诉苦，数落对方的不是。本来，别人的情史跟你无关，但碍于同事一场，你是没有理由掩耳跑开的。其实，做个听众倒是不妨的，只是最好别做唯一的听众，因为容易陷自己于困境。总之，保持距离乃是上上之策。不参加意见，也不费神去理解，对你有益无害。

祸从口出，保持良好的自我控制能力，不管是处于大顺之时还是大逆之际，不要开口乱说，因为"言多必失"。

不要什么时候说话都大倒苦水

李某，虽然身为男性却个性柔弱，思想也很悲观，当他有心事时必定马上找人诉苦。他在大学时代曾经有过一段罗曼史，后来因为某种原因而结束，这件事一直放在他心底，从那之后每当他与人聊天时，他就会哀怨地向对方描绘自己的心酸。

有一次，李某参加同事的生日晚会，同事介绍一位朋友与他认识。

散会之后，同事的朋友抱怨："和你那个李同事谈话真累！他一直在说大学时代如何认识某人、如何伤心地分手我一句话也插不上，只好假装十分同情，耐心地等他说完。"

另外，我们经常听到，自己也经常说这样的话语：

"真该死，今天做什么都不顺利！"

"那真是令人讨厌的家伙。"

"我没有才能。"

"我是个做什么都不行的废物。"

每个人都会有失意的事，包括事业上的失意、感情上的失意、家庭上的失意。事实上，在这个世界上真正让人舒心的事很少，即使有舒心的事人们也很容易忘记，萦绕于心头的大多不那么令人愉快。失意事本就是一种痛苦，搁在心里不找人倾吐更痛苦。据说，把失意事摆在心里还会造成心理的疾病，所以找人倾吐也是好的。向别人吐苦水的时候的确会感到轻松些，稍微缓解了压力。但是这只不过是把淤积在自己心中的话吐露给别人听，获得短暂的满足而已。

有些烦恼有些失意或是希望别人安慰的问题，你应该把这些话说给心理学医生或是值得你信赖的家人或朋友听，千万不要逢人就开始倾倒自己心中的垃圾，这样不仅无法激起对方的共鸣，只会徒增对方反感。

吐露失意的事，不管是主动吐露还是被动吐露，负面影响主要有以下几点：首先，吐露失意的事无意中塑造了自己无能、软弱的形象。虽然每个人都会有失意事，但如果你在吐露失意事时，别人正在得意，那么别人会直觉地认为你是个无能或能力不足的人，要不然怎么会失意！嘴巴虽然不会说出来，但心里多少会这样想，而且失意事一讲，有时会因情绪失控而一发不可收拾，造成别人的尴尬，这才是最糟糕的一件事。如果你的失意情绪引来别人的安慰，温暖固温暖，但你因此而变成一个无助的孩子，别人的评语是：唉，可怜！

其次，吐露失意的事，别人对你的印象分数会打折。很多人凭印象来打别人的分数，一般来说，自信、坚定的人，他所获得的印象分数会比较高，如果他还是个事业有成的人，那么更会获得尊敬，这是人性，没什么道理好说。如果你的失意事让别人知道了，他们下意识地会在分数表上扣分，本来80分，一下子就不及格了，而他们对你的态度也会很自然地转变，由尊敬、热情而变得不屑、冷淡。

所以，在与尚未熟识的人说话时，最好选择较为轻松愉快的话题，尽量不要提及个人过去不愉快的经验，以免让对方觉得沉闷、无聊，让人产生再也不想见到你的感觉。

幽默谈吐，用智慧感化对
方的心理学

富有幽默感的人一定充满活力

在现实生活中，富有幽默感的人一定充满活力，他会有多方面的兴趣爱好、广泛的交往、充沛的精力和开阔的胸怀。

从美国的发展可以发现，正是这种对未来充满希望的活力推动着美国兴旺发达。在这个国家创业之初，最初的移民就是靠着幽默力量的支持和鼓励，克服对蛮荒的恐惧，熬过创业的艰难，战胜新大陆的种种挑战。有此等力量，开创事业，就不在乎"难"字。

既然幽默具有使人成功的活力，那么让我们来看一看实际操作中，成功人士是如何做的。

下面，我们着重谈谈推销员是如何利用幽默去获得成功的。也许你并不是推销员，但幽默作为一种才能是各行各业都需要的，对我们每个人都有裨益。并且，从广义上来看，我们每个人都在不自觉中推销着某些东西，如鼓吹某种主张、介绍某种方法、推广某种成果。在某些情况下，甚至推销自己——中国成语称为"毛遂自荐"。

有位年轻人的女推销员挨家挨户推销大英百科全书，获得了相当惊人的成绩。她是怎么做的呢？

"很简单，"她得意地闪烁着双眼说，"我总是在夫妇俩都在家的时候去拜访，然后向丈夫说明来意，列举这本书的实用价值和博大精深的内容；但是我故意压低声音，那位坐在旁边的太太就会一字不漏地注意倾听。这样，在丈夫征求妻子是否同意时，就很容易取得一致意见。"

威廉是美国俄亥俄州的著名演说家。他一直记着30年前，他还是一个全然生疏、紧张兮兮的实习推销员，在推销收银机时的情景。他是这样说的：

一位老练的前辈带我来到某个地区。当我们进入一家小商店时，老板突然大叫："我们对收银机没兴趣！"那位前辈就靠在柜台上，咯咯笑了起来，仿佛他刚听到世界上最好笑的故事一样，店老板瞪着他。

我的前辈直起身子，微笑着道歉说："我忍不住要笑。你令我想起另一家商店的老板，他也说他没兴趣，后来他成了我们最好的主顾之一。"

随后这位熟练的前辈继续很正经地展示他推销的货品，每一次老板表示他对这东西没兴趣，我的朋友就把头埋在臂弯里，咯咯笑了起来，然后他会抬起头来，又说一个故事，同样是说某人在表示不感兴趣之后，买了一台新的收银机。

大家都在看我们。我当时窘透了——其实是怕死了。我对自己说："他们会以为我们是一对傻瓜，而把我们赶出去。"那位前辈只是继续地咯咯笑，把头埋进臂弯里，再抬起头来——把店老板的每一声拒绝转变为他幽默的回想。

很奇怪的是，不一会儿，我们搬进一台新的收银机。我的朋友以思想周密的行家口吻，向老板说明用法——老板居然买了！

这就是充满韧性的幽默使用者所取得的成功。因为坚韧不拔、顽强执着是一个人事业成功的关键所在。对执着的攻击和嘲笑，常常会受到幽默使用者的应有反击。

对付软磨硬泡中的尴尬，笑声和幽默是最好的润滑剂。有道是"伸手不打笑脸人"，被缠者很难翻脸正是继续泡下去的有利条件。

大部分的人，都会对带着笑脸的人有一份莫名的好感。明朗的脸色可以让人有安全感。阴暗的脸色，总会给人一种疑惑感、嫌恶感、威吓感。因此，我们不能不注意自己是否是一副明暗的表情。可能的话，总是让自己有一副明朗的笑脸。如此下去，对方很可能被你"笑化"，答应你的请求。

三个学生一块上酒吧，想以喝啤酒来表示自己是个成年人了。女招待叫他们先出示身份证。其中两人还没到法定的成年年龄，怎么办呢？他俩只好伸手到衣袋里左摸摸，右摸摸，说：

"我们忘了带身份证了。请问，学校里的借书证管不管用？"

女招待笑了笑，对管餐柜的招待叫道："来一瓶啤酒，两册图书！"

幽默有时即使带点"耍赖皮"的感觉，也能得到宽容和理解。下面是一则名为《真正的勇气》的故事：

三名海军上将谈论起什么是真正的勇气。

德国将军说："我告诉你们什么是勇气。"说完他召来一名水手："你看见那根几米高的旗杆子了吗？我希望你爬到顶端，举手敬礼，然后跳下来！"德国水手立即跑到旗杆前，迅速爬到顶，漂亮地敬了个礼，然后跳下来。

"嗬，真出色！"美国将军称赞说。接着他对一名美国水兵命令道："看见那根三百米高的旗杆吗？我要你爬到顶，敬礼两次，然后滑下来。"美国水兵非常出色地执行了命令。

"啊，先生们，这真是一次令人难忘的表演。"英国将军说，"但我现在要告诉你们，我们皇家海军对勇气的理解。"他命令一名水手："我要你攀上那根高三百米的旗杆顶端。敬礼三次，然后跳下来。""什么，要我去干这种事？先生，你一定是神经错乱了！"英国水手瞪大眼睛叫了起来。"瞧，先生们，"英国将军得意地说，"这才是真正的勇气。"

毫无疑问，对于一支军队来说，具有这种真正的勇气的士兵越多，它也就失败得越多，甚至可以说是战无不败。但你也不得不承认，这确是真正的勇气。这位诙谐而旷达的英国将军的自我嘲讽，使得他连同他的部队一道都因表现出人情味而显得和蔼可亲，谁还会忍心去指责他的"无理取闹""没有正经"呢？

幽默、开玩笑要有一定的尺度

幽默的大忌乃是敌意或对抗，幽默产生在避免冲突、卸除心理重负之时，但是这不是说一旦面临敌意和冲突，幽默就注定了自行消亡，这要看幽默的主体是否有足够的力量，帮助你从凶险的冲突、怨恨的心理、粗鲁的表情和一触即发的愤怒中解救出来。

即使你不可能改变你的攻击性，幽默极可能帮助你钝化攻击锋芒；或者说，由于恰如其分地钝化攻击的锋芒，你的心灵获得了幽默感的陶冶，你游刃有余地以更有效的方式来表达你的意向，并避免弄僵人际关系。

这实在是需要更高一筹的智慧和更雍容更博大的胸襟。几乎每一个面对冲突的人都面临着对他的幽默感的严峻考验，而只有很少的人能够经得起考验。

作家冯骥才访问美国时，一个非常友好的华人全家来访，双方相谈甚欢。突然，冯骥才发现客人的孩子穿着鞋子跳到了他的洁白的床单上，这是非常令人不愉快的事，恰恰孩子的父母并没有发现这一点。冯骥才的任何表示不满的言辞或表情，都可能导致双方的尴尬，这时钝化攻击性和让孩子从床上下来是同样必要的。

幽默感帮了冯骥才的大忙。他非常轻松愉快地对孩子的父母亲说："请把你们的孩子带到地球上来。"主客双方会心一笑，问题圆满地解决了。

从语言的运用来说，冯骥才只玩了个大词小用的花样把"地板"换成了"地球"，整个意味就大不相同。地板是相对于墙壁、天花板、桌子、床铺而言，而地球则相对于太阳、月亮、星星等天体而言。冯骥才一用"地球"这个概念，就把双方的心灵空间带到了茫茫宇宙的背景之中。这时，孩子的鞋子和洁白的床单之间的矛盾就显得淡化了，而孩子和地球、宇宙关系就掩盖了一切。

　　与人交谈、适度、得体地开个玩笑、幽默一下，可以使周围的人松弛自在，并能营造出适于交际的轻松活跃的气氛，这也是具有幽默感的人更受人欢迎的原因。

　　可是，假若我们没有掌握好幽默的尺度或玩笑过度，不但达不到好的效果，还会让人尴尬，这样的玩笑不如不开。

　　我们都知道"狼来了"的故事。那个顽童头两次大声呐喊"狼来了"，让忙碌着的父老乡亲跑得气喘吁吁，结果却落了个空。这种玩笑岂不让人尴尬？与此玩笑类同的还有"一笑倾人城，再笑倾人国"这一典故的由来。此话讲的是中国古代的大美人褒姒，她是周幽王非常宠爱的妃子。周幽王轻信了她的话竟玩了个"烽火戏诸侯"的把戏，结果让诸侯们深感尴尬，以致最终亡国。由此典故，你是否知道周幽王为什么叫幽王呢？大概是他想自封为"幽默之王"吧。

　　幽默不仅要注意场合，同时，还要挑选好对象，幽默犹如音乐是给会欣赏音乐的人听的，绘画是给会品味绘画的人看的一样，找错了对象的幽默难免会造成谈话双方的难堪。

　　与中国古代的周幽王相比，远在太平洋彼岸的美国前总统里根也不逊色。他也因在不适当的场合展示所谓的幽默而造成了严重的后果。

　　里根有一次在国会开会前，为了试试麦克风是否好使，张口便说："先生们请注意，五分钟之后，我将宣布对苏联进行轰炸。"此语既出，顿时全场哗然。里根在错误的场合和时间之下开了一个极为荒唐的玩笑。为此，苏联政府提出了强烈抗议，令美苏局面尴尬。

总之，幽默、开玩笑要有一定的尺度，否则就成导致你失败的利剑。

说话要别出心裁，才能真正打动人心

在说话时，缺乏诚心，刻板的客气话，必不能引起听者的好感。"久仰大名，如雷贯耳，贵号生意一定发达兴隆。小弟才疏学浅，一切请阁下多多指教。"这些缺乏感情的，完全是公式化的恭维语，若从谈话的艺术观点看来，非加以改正不可。言之有物是说一切话所必具的条件，与其泛说久仰大名，如雷贯耳，不如说"阁下上次主持的讨论会成绩之佳，真是出人意料"等话，直接赞扬他的著名工作；如果恭维别人生意兴隆，不如赞美他推销产品的业绩，或赞美他的商业手腕；泛泛地请人指教也是不行的，你应该择其所长，集中某点请他指教，如此，他一定高兴得多。

有一家皮革材料公司，专为皮革制造厂家提供皮革材料。一次，一位客户登门。几句寒暄之后，公司负责人发现这位客户实力雄厚，需要量很大。在交谈中又发现这位客户比较自负，性急。于是皮革材料公司通过客户观看样品的机会，适当而得体地夸奖他的经验与眼力，在最后的价格谈判中，先开每公尺 20 元，但接着加了一句："您是行家，我们开的价是生意的常规，有虚头骗不了您。最后的定价您说了算，我们决无二话。"果然，客户在这种信任的赞誉声中，痛痛快快定了每公尺 15 元的价格（公司的进价是每公尺 12 元）。显然，这样的战术成功了。当然关键还在于准确把握对方的性格及心理。

恭维赞美的话一定要切合实际，到别人家里，与其乱捧一场，不如赞美房子布置的别出心裁，或欣赏壁上的一张好画，或惊叹一个盆栽的精巧，要主人喜欢，你要一无成见地同情于别人的兴趣，主人爱狗，你应该赞美他养的狗，主人养了许多金鱼，你应该说那些鱼的美丽。赞美别人最近的工作成绩，最心爱的宠物，最费心血的设计，这比说上许多无谓的虚泛的客套话为佳。

大多成名的人，他的工作已成了习惯，你的恭维若不能别出心裁，一定不能打动他的心。对付这种人，最好拣工作以外的一些事情去赞美他。要欣赏他那些不大为别人所知道却是他自以为得意的事情。

包拯就任开封知府后，要选一名师爷。经过笔试，包拯从上千人中选择了10个很有文才的人。第二个程序是面试，包拯把他们一个跟一个叫进去，随口出题，当面回答。

包拯面试题目出得很别致，前面九个一一进去后，包拯指着自己的脸对他们说："你看我长得怎么样？"那九个人抬头一看包拯的脸庞，吓了一跳；头和脸都黑得如烟熏火燎一般，乍一看，简直就像一个黑坛子放在肩上；两只眼睛大而圆，瞪起来，白眼珠多，黑眼珠少。他们想：如果把他的模样如实讲出来，那他一定会火冒三丈，哪还能当师爷，说不定还会遭一顿打呢！不如循守常道，恭维一番，讨他个喜欢。于是一个个恭维他眼如明星，眉似弯月，面色白里透红，纯粹是副清官相貌。气得包拯将他们一个个赶走了。

第十个应试者进来了，包拯也问相同的问题。那个人向包拯打量了一番，说道："老爷的容貌嘛！……""怎么样啊？""脸如坛子，面色似锅底，不仅说不上俊美，实在该说是丑陋无比，特别是两眼一瞪，还有几分吓人呢！"包拯一听，故意把脸一沉，喝道："放肆，你竟敢这样说起本官来了，难道就不怕本官怪罪于你吗？"那人答道："老爷您别生气，小人深信只有诚实的人才可靠，老爷的脸本来就是黑的，难道别人说一声美就变美了吗？老爷虽然相貌丑陋，但心如明镜，忠君爱国，天下人皆知包青天的美名，难道老爷没有见过白脸奸臣吗？"一席

话说得包拯心中大喜，即日便任命他为师爷。

这个"应聘"者之所以成为十个顶呱呱的才子中的幸运者，是因为他的赞美更加有远见，足见其洞察力不一般，通过对他人真诚的赞美，由缺点推到优点，最终成为能承担重任的人。

你不要以为既是恭维，就不会得罪人家，便不妨乱说，那就错了。不由衷的话，很容易闹出毛病的。正如你不能随便看见女人就赞美漂亮，如她明知自己实在是不漂亮时，心里也许会觉得你浮猾。有些女人，你可以赞美她漂亮，或说她活泼，或说她苗条，或说她健美，或赞美她的才智，她的聪明与幽默，或恭维她处理家务的井井有条，教育儿女有方等。同是女人，各有长处，虽是赞美，也要加以选择。因此，恭维话一不能乱说；二不能常常用同一的方法；还有第三要注意的，就是不可多说。

所以善于说话的人，每每因一句赞美的话说得适当，就为他的前途奠下了一个基础，这并非奇事。

幽默也要有品位，反则弄巧成拙

幽默作为一种特殊的语言艺术，可给人们带来笑声，让人们体味到另一种生活。在那些恰如其分的幽默面前人们笑得开心，更活得开心。所以，我们绝不要小看了幽默的作用，并且在进行幽人一默时，要注意多说些健康的或者具有哲理意义的言辞，摒弃那些庸俗、肉麻的话题。

一提到"肉麻"二字，人们往往联想到"性"。性是个敏感的话题，又是一个人们感兴趣的话题。革命导师恩格斯在 19 世纪 80 年代曾指出过这样一个事实："性爱特别是在近 800 年间获得了这样的意义和地位，竟成了这个时期中一切诗歌必须环绕着的轴心。"近年来，我国的文学作品、影视艺术涉及性的，更是不胜枚举。退一步说，人们在日常生活交往中，性也是一个躲不开的话题。就连两千多年前的孔老夫子都感叹："吾未见好德如好色者也。"然而由于"性"的特殊敏感性，大多数人对此讳莫如深。谈性的时候，小心为好，慎重为佳，时机、对象、分寸都要掌握得恰到好处，不然就会产生较大的负面效应。尤其在新婚闹洞房时，对性的话题要点到为止，一旦踏响性的雷区，不仅让人觉得肉麻，还会使后果不堪设想。

我国古人讲的四大喜事是："久旱逢甘雨，他乡遇知音，洞房花烛夜，金榜题名时。"这"洞房花烛夜"是众所皆知的人生一大喜，不但新人眉飞色舞，亲戚朋友也是笑逐颜开，人们在祝贺送礼之外，总是喜欢和新人开玩笑。恕我直言，不少人最开心的玩笑，就是带有性色彩的玩笑。老一辈人留下了"三天无大小"的习俗，长幼、亲朋、男女之别被打破了，再加上喝几杯酒壮胆，嘴就没了遮拦，不由自主，污言秽语如下水道堵了直往上冒。

幽默的语言能使局促、尴尬的场面变得轻松、和缓，使人立即消除拘谨或不安，它还能调解小小的矛盾。例如，一个小孩见到一个生人长得很大的鼻子，马上叫他"大鼻子"，假若这位生人没有幽默感，就会不高兴。要是这个小孩叫他"大鼻子叔叔"，大家就会一笑而解决问题。

一句得体的幽默会消除一场误会、一句巧妙的幽默言辞能胜过好多句平淡无味的攀谈。

那么，幽默形成的基础和条件是什么呢？

1. 要有高尚的情趣和乐观的信念

恩格斯曾经说过："幽默是表明工人对自己事业具有信心并且表明自己优势的标志。"幽默的谈吐是建立在说话者思想健康、情趣高尚的基础上的。它对人提出善意的批评和规劝，它必然要求批评者有较高的思想境界和较高的涵养性。一个心地狭窄、思想颓唐的人是不会幽默的。幽默永远属于那些热心肠的人，属于那些生活强者。幽默者品德要高尚，要心宽气朗，对人充满热情。老一辈革命家，在与人民群众讲话、攀谈时，言谈话语间有时便流露出一定的幽默感，使人感到分外热情、亲切，这与他们的崇高品德是联系在一起的。

2. 要有较高的观察力和想象力

幽默的谈吐具有反应迅速的特点，这就要求说话者思维敏捷、能言善辩，而这些又来自对生活的深刻体验和对事物的认真观察。具有较高的观察力、想象力，才能通过比拟、引用、比喻、夸张、双关等方式说出幽默的话语。

3. 要有较高的文化素养和语言表达能力

幽默的谈吐是人的聪明才智的标志，它要求有较高的文化素养和较强的驾驭语言的能力。一个人语言修养高、知识丰富，对古今中外、天南海北、历史典故、风土人情等各种各样的事情都有所了解和掌握，再加上语汇丰富，语言表达方式灵活、多样，这样他平时讲起话来就会得心应手，语言自然就容易活泼、生动、有趣。

在这里还要指出，幽默只是手段，并不是目的。不能为幽默而幽默，一定要根据具体的语境，适当选用幽默话语。另外，人的才能不一样，有的会幽默，有的不会幽默。不会幽默的，则不必强求。否则，故作幽默，反而弄巧成拙。

幽默运用得恰如其分，效果更佳

幽默的人一般都心怀善意，他们只不过是要多给人增加一份快乐而已。幽默作为一种特殊的语言艺术，可给人们带来笑声，让人们体味到另一种生活。在那些恰如其分的幽默面前人们笑得开心，更活得开心。

但无论如何，幽默有伤人的可能，其界限是耐人寻味的。对开玩笑和诙谐，必须记住它们会有伤人的危险性，而要小心翼翼不能踏错一步，否则一步走错全盘皆输，真是得不偿失。

如女人开男人的玩笑，最要注意的，也许是自尊心的问题。自尊心是不容人刺伤的，所以若是要开玩笑，应尽量开自己的玩笑。

万一说了过分的话，一定要诚心诚意地道歉，不能够就此放任不管。相反，当自己被开了过分的玩笑时，一定要当作开玩笑而已。否则，对方也不好意思。遇到这种事时，胸怀千万要宽大。

开玩笑的"规则"有：

（1）注意格调。玩笑应该有利于身心健康，增进团结，摒弃低级趣味。

（2）留心场合。按照中国人的习惯，正规场合一般不宜开玩笑。彼此不十分熟悉或生人熟人同时在场，不宜开过深的玩笑。

（3）讲究方式。对性格开朗、喜欢说笑的人，开些"国际玩笑"也无妨；而对性格内向、少言寡语的人，一般不要过分地开玩笑。

（4）掌握分寸。俗话说，凡事有度，适度则益，过度则损。

（5）避人忌讳。忌讳是因风俗习惯或个人生理缺陷等，对某些事或举动有所忌讳。几乎每个人都或多或少地有自己的忌讳，所以，开玩笑时一定要小心避之。

下面介绍一种幽默，它会保全你的面子与自尊，会给你许多安慰。

所谓含而不露就是运用暗示幽默法，即对事物表达自己的看法，不是通过直说，而是通过种种可能进行曲说，并达到幽默效果的方法。曲说可理解为从各个侧面说。

暗示幽默法广为人们喜欢，其原因在于它在多方面对人们进行了照顾、安慰。比如面子，后面躲着自尊。如果有人在某些方面伤害了你，你用露骨的方法去刺他，不论他的面子后的自尊有没有教养，它都不允许自己被刺，那么仇恨、报复就由此产生了。

如果运用暗示幽默法来解决，首先，照顾了他的面子，而柔软曲说的话语却达到了尖锐的实质。一方面他会知难而退，另一方面，他会因照顾了他的面子反而有钦佩和感激了。

教养好的人，你常常会在他的身上发现暗示常驻。

暗示幽默法能广泛地用于生活的各方面，帮助我们解决困境，请看这则幽默：

有一对夫妇，丈夫做错了一件事，妻子不但不理解，反而更加唠叨得令人生厌。于是，丈夫火气十足地说："请别这样唠唠叨叨了好不好，不然，我要在桌子上痛打十巴掌了。"

"关我屁事，打呀，打。"想到肉痛的不是她自己，妻子反而火上加油。

"但是，"丈夫道，"经过这十巴掌的锻炼，第十一巴掌打在肉上可就有些功夫了。"

妻子戛然而止。大概她领会了丈夫内心的火气，不想让脸作为丈夫练功夫的沙袋吧。

在这个幽默里，丈夫打了十巴掌，第十一个巴掌打在什么地方，就是一种暗示。这种暗示包含了如下意思：我心里很火很烦，需要理解和清静。现在我得不到这些，反而遭受另一种折磨，我有点忍无可忍了。为此，你最好住口，否则就别怪我不客气了。"功夫"一词，则承担了幽默的任务，这就是暗示幽默法。

当然，也有极少数人利用幽默的形式专讲刻薄话，既伤人又伤己。他们专门去打击别人的自尊心，毫不在乎地讲出对方所"耿耿于怀"的话。例如，有关别人的命运，他们所生长的社会环境，有关他们双亲在社会上的地位或者他们的职业，等等。

这个世上本来就有很多不幸的人，一生下来之后，即背负了身体上不利的条件。而要值得同情的是，他们之所以会变得如此，并非自己心甘情愿的。因而，凡是有怜悯之心的人，都不应该以他们身体上的缺陷为话题。事实上，这也是与人交往时，必须注意的一种礼节。

然而，还有人毫不介意地使用那种伤人的言辞，当着别人面说那种伤人的话，这是非常不好的。例如，有些人常常使用一些刻薄的言语："杂种""后娘""拖累人的废物""精神薄弱儿""坏胚子"等字眼。

假如你有心的话，将不难察觉到这些字眼是极为伤人的。我们不妨设身处地地想一想，如果自己被如此称呼时，心里将有何种的感觉呢？这个问题实在有深思的必要。

把握尺度，批评他人的
心理学

根据不同对象采取不同的方法

许多人都渴望掌握批评的技巧，批评是生活中最难把握的一种表达方式。在生活中，我们常常会遇到这种情况：不讲批评方式，在公众场合，居高临下地指责、批评对方，试图把自己正确的观点强加给对方，这样做往往会事与愿违。

要想掌握好批评的适度，应从批评原则和批评方法上理解。

通常实施批评时应当遵循以下三条原则：

1. 自我批评的原则

作为上司，批评之前首先要学会自我批评。上司是管理下属的人，他也就是承担责任的人，换句话说，下属工作的失误要由上司来承担责任。可是有些上司喜欢和下属分享成绩，不愿分享责任，荣誉是大家的，责任却成了个人的，这样的上司很难在下属中确立真正的威信。上司在准备批评下属之前不妨先做个自我批评，承担起最重要的责任，然后再指出下属的不足。这样一来，下级心胸也会开朗了，更容易接纳批评的意见，也可以充分认识自己的过失，又可以增强工作的责任心和荣誉感，批评的目的就达到了。

2. 批评和表扬结合的原则

作为上司，批评的同时别忘记表扬，表扬是批评的"润滑剂"。表扬是激励，而比批评更重要的是引导。比如，小李写的文字材料不合要求，上司如果直接批评材料质量差，往往是达不到好的激励效果的，如果上司先表扬小李的文稿比以前有进步，然后再指出文稿中存在的不足，这样就可以更好地达到指出问题、提高水平的作用。

3. 得体适度原则

作为领导者，批评要有"分寸"。这里有两个问题：第一，批评更应该是私下进行，要给下属留"情面"。人人都是有自尊心的，下属如果犯了错误，领导一样要尊重他，应该尽量避免公开批评下属的方式，最好在工作之余找来下属促膝谈心，这种方式比开会宣布的方式要有效得多。当然，一些严重的问题就要另当别论了。第二，批评要尽量"对事不对人"，也就是多从事情找原因，少从个人找原因。下属做错了事应该受到批评，可问题的关键在于批评是针对下属做错的事情还是下属本人。有些上司总是把下属的失误归结为个人的原因，那只会挫伤下属的自尊心。很多时候，下属工作的失误并不完全是本人的因素所造成的，如果一味地把"矛头"指向个人，势必会让下属产生委屈感和不满情绪，批评的目的也就无从谈起了。

同时还要正确掌握批评的方法。要想正确地掌握批评的方法，需要注意三方面。

1. 要注意批评的动机、目标和效果

每个批评者的出发点都是善良的，都真诚地希望提醒或帮助对方改正错误，因此要做到尊重、理解、信任被批评者。一般不要说："我本来不想说，可是……""说了你也许不高兴，但不说又不行，所以……"从批评的目标上说，要做到有的放矢，不可全盘否定，把别人说得一无是处，应把重点放在改善目前不足的方面。否则，对方要么"当面接受，过后照旧"，要么"表面同意，心底不服"，甚或"当面顶撞，让你无法下台"。批评要针对人的行为，而不是他或她本身。只有动机与效果达到了完美统一的批评，才是成功的批评。

2. 要注意批评的态度和语言

批评人时要心平气和，做到诚恳、认真、冷静、耐心，不能急躁，不能怨恨，更不能存心找麻烦。要使用一种温和的语言及有效去除僵硬与冷淡的方式。当你心中愤怒、埋怨、焦虑，并想责怪对方时，最好是先克制一下情绪，整理一下思绪，甚至可以先听听音乐，散散步，看会儿电视，等冷静时再实施批评。在实施批评时，最好先适当地表扬对方，通过提及对方的好，而使对方认为自己并非全都不对，从而改善气氛，以保护他们的自尊，使他们感到既愿意又有能力去改进。

3.因人而异、对症下药

批评他人要注意根据不同对象采取不同的方法和语气。对年轻人，批评时要语重心长，要寄予希望；对中年人，要旁敲侧击，点到即止；对长辈和上级，要巧妙提醒，声东击西，含蓄委婉；对那些"老虎屁股摸不得"的不讲理者，要理直气壮，以正压邪，在严厉批评之后再辅之以耐心说服。

总之，批评的方法要以教育为主，用事实教育人，用道理开导人，用后果提醒人，从而达到使对方心悦诚服地改正错误的目的。

启发批评者思考，能增进相互间的感情交流

我们经常会看到这样的场面：一位领导不分场合对其下属大声斥责，以为这样就可以树立威信，下属才会服从他；一位家长不顾孩子的感受唠唠叨叨地不停指责孩子的缺点，以为这就是对他们的爱；一位教师一脸严肃地在学生的考卷上指指点点，大声训斥，以为这样他就会发愤学习；同事、邻里、朋友之间不顾方式地对对方的缺点、过失进行批评，以期对方改正。

但这种说话方式往往事与愿违，即使对方感到自己有错误，也会强词夺理，甚至拂袖而去，弄得双方不欢而散。

如果能换一种方式，私下与其交换意见，委婉地表达自己的想法，并与他摆事实，讲道理，分析利弊，他就会心悦诚服，真正接受你的意见和帮助。

可见，说话的方法是关键，方法不同，效果当然也不同。下面是一些批评的有效方式：

1. 启发式批评

要使对方从根本上认识到自己的错误，需要批评者从深处挖掘错误的原因，晓之以理，动之以情，循循善诱，帮助他认识、改正错误。

2. 幽默式批评

幽默的语言和形象的比喻等，可以缓解批评时紧张的情绪，启发批评者思考，从而增进相互间的感情交流，使批评不但达到教育对方的目的，同时也创造出轻松愉快的气氛。

伏尔泰曾有一位仆人，有些懒惰。一天，伏尔泰请他把鞋子拿过来。鞋子拿来了，但布满泥污。于是伏尔泰问道："你早晨怎么不把它擦干净呢？""用不着，先生。路上尽是泥污，两小时以后，您的鞋子又要和现在的一样脏了。"

伏尔泰没有讲话，微笑着走出门去。仆人赶忙追上说："先生慢走！钥匙呢？食橱上的钥匙，我还要吃午饭呢。"

"我的朋友，还吃什么午饭？反正两小时以后你又将和现在一样饿嘛！"

伏尔泰巧用幽默的话语，批评了仆人的懒惰。如果他厉声喝骂、命令他，则不会有这么好的效果了。

3. 警告式批评

如果对方犯的不是原则性的错误，就没有必要"真枪实弹"地对其进行批评。这时可以用温和的话语，只点明问题，或者是用某些事物对比、影射，点到为止，起到一个警告的作用。

春秋时期，秦国准备袭击郑国。军队走到魏国时，这个消息被郑国的弦高知道了。弦高原打算到附近做买卖，但他不忍自己国家蒙受灾难，便打算劝秦国主将改变主意。

弦高如果以硬对硬，肯定会适得其反。于是他带了千张熟牛皮，赶了百头牛做礼物，犒赏秦军。他故作恭敬地说："我国国君已经听说您将行军经过敝国，特命我准备好粮草招待，让我来犒劳您的随从。"秦将一听这话便了解到郑国已对他们有所防备，不易攻击，于是便打消了侵略郑国的念头。

弦高巧妙地对秦国发出了警告，收到了最佳的效果，未动一兵一卒就保全了自己的国家。警告式的批评在这里发挥了极大的作用。

4. 委婉式批评

采用间接的方法，声东击西，让被批评者有一个思考的余地，其优点是不伤被批评者的自尊心。

有一次宴会上，一位肥胖出奇的夫人坐在身材瘦小的萧伯纳旁边，带着妖媚的笑容问大作家："亲爱的大作家，你知道防止肥胖有什么办法吗？"萧伯纳郑重地对她说："有一个办法我是知道的，但是我怎么想也无法把这个词翻译给你听，因为'干活'这个词对你来说是外国话呀！"

萧伯纳这种含蓄委婉、柔中带刚的批评方式，效果极强。

总之，批评的方法应以教育为主，用事实教育人，用道理开导人，用后果提醒人，从而使对方心悦诚服地接受批评。

在这里，要着重强调一下朋友之间的交流与批评。

朋友间的交谈，其形式和内容有别于其他关系。首先是措辞上不必那么严谨，其次话题不必仔细斟酌，可以更随意些。但这并不是说朋友间交谈可以口无遮拦，不讲究语言艺术。良好的语言表达对于维系和发展友谊是至关重要的。朋友之间交往要真诚、坦率，直率诚笃的交谈是朋友间真诚相待、关系融洽的表现。

宋代的宁祁写文章爱用僻字，以显示自己博学。欧阳修同他一起修《新唐书》时，很想找个机会指出这种毛病。

一次，欧阳修说："你忘了，这八个字是'夜梦不祥，题门大吉'！"

宁祁抱怨欧阳修不该用冷僻字，欧阳修大笑道："这就是您修唐书的方法！'迅雷不及掩耳'多明白，你却要弄成'震霆无暇掩聪'，这样的史书谁能读懂呢？"

宁祁深感惭愧。欧阳修以诚笃之心、直率之言提出了宁祁的毛病，给了宁祁帮助，也增进了彼此的友谊。

朋友之间，争辩和拒绝是常发生的事，遇到这两种情况时的说话方式，尤其要注意。

如果有时和朋友实在躲避不了争论，那也要注意分寸，要记住：控制自己的情绪，避免使用过激的言辞和尖刻的话语；不要算老账，揭人短；不要计较胜负；批评时，要注意只谈事不谈人。

朋友相处久了，或许你会发现朋友的一些缺点。但是如果你采取不当的方式指出他的错误：一个蔑视的眼神，一种不满的腔调，一个不耐烦的手势都可能带来不良的后果。假如你不是全面地反对对方的意见，而是用"我想""假如""你看""我还有另一个想法，不知……"等字眼委婉地表示出来，也许会收到理想的效果。

高林和朱明在学校是同室好友，关系十分亲密。高林家境不太好，自己在学习的同时，每天早晨不到五点就要去一家餐厅做工。随着学习压力增大，考试期间，两人之间产生了不满情绪。

朱明说："你上班干吗非得把全宿舍的人都闹醒啊！"

高林说："你以为我乐意早上五点就起床去那臭熏熏的厨房里干活吗？我父亲可不愿一年到头供养我，我得自己挣钱养活自己。我不像你，懒在屋里，靠家里供养。你自己清楚，你是我认识的人中最懒的一个。"

朱明说："哦，别来这一套。昨晚看书一直看到两点的是谁？谁又说什么啦？难道你就不能轻一点吗？那么自私呢，就不稍稍考虑一下别人！"

高林被朱明的批评戳到了痛处，也就不顾一切地反击过去。这也是受人批评时的一种本能反应。

假如他们都不那么感情用事，而采取负责的态度表示自己的不满，就可以避免朋友的怒气，至少可减少朋友发怒的可能性。如果朱明当时能这样谈起，就完全可以避免一场争吵：

"我想告诉你，我有些不舒服，也可能是这些天的考试使我过于紧张烦躁了，昨晚我没有睡好，今天五点又被你弄醒，我心里有点恼火，你似乎没考虑过我的休息。"

所以，指出朋友的缺点时，不仅要使用委婉的话语，还要注意不要当众批评朋友，免得让朋友在众人面前难堪。

不说别人的坏话，只说别人的好处

只有不够聪明的人才批评、指责或抱怨别人，但是善解人意和宽恕他人，需要修养和自制的功夫。卡莱尔说过："伟人是从对待小人物的行为中，显示其伟大。"

人总会犯错误，如果你是一个领导，你的员工犯错了，你会怎样做？这个问题其实十分重要，因为问题解决的好坏直接关系同事之间的关系问题，从而影响单位的利益。

下面教你几招——

1. 用平和的语气批评员工

邓阳是一家建筑公司的安全检查员，检查工地上的工人有没有戴上安全帽是他的职责之一。据他报告，每当发现有工人在工作时不戴安全帽，他便会用职位上的权威要求工人改正。其结果是，受指正的工人常显得不悦，而且等他一离开，就又把帽子拿掉。后来，邓阳决定改变方式。第二回他看见有工人不戴安全帽时，便问帽子是否戴起来不舒服，或是帽子尺寸是否不合适，并且用愉快的声调提醒工人戴安全帽的重要性，然后要求他们在工作时最好戴上。这样的效果果然比以前好得多，也没有工人显得不高兴了。

其实，大家都有感受：批评，是一件令人十分难为情的事情，无论是批评者还是被批评者，在那种特定的氛围中一定都多少有些尴尬。其实，批评的真正目的并不在于批得对方体无完肤，彻底地打倒对方，而是纠正对方的错误。因此，艺术的批评不应伤害对方，而是激励他，使对方表现出更好的业绩。

2. 用称赞打开员工的心扉

心理学家史基诺经由动物实验证明："因行为好而受到奖赏的动物，其学习速度快，学习效果亦较佳；因行为坏而受处罚的动物，则不论怎样学习效果都比较差。最近的研究显示，这个原则用在人身上也有同样结果。批评不但不会改变事实，反而只有招致愤恨。"

给予员工亲切的言辞和称赞，对建立彼此的友好关系有很大的帮助。美国佳乐食品公司经理克利佛西斯说："称赞能使对方兴奋，也能使你发现对方的许多优点，而当你批评他时，他会欣然接受。"如果你真想批评员工，不妨用这样的话开始：

"小朱，你所提出的建议很好，我们从中收益许多。不过，有一点……"

"小胡，自从你进入公司以来，你的业绩一直非常优异，大家都是有目共睹的，只有一点要请你改善，相信你也能够理解……"

3. 重褒其"优"，略避其"劣"

高强是工厂的一名班组长，最近他的班组调来一个名叫杨刚的人，别人对杨刚的评语是：时常迟到，工作不努力，以自我为中心，喜欢早退。过去的班长对杨刚都束手无策。第一天上班，杨刚就迟到了五分钟，中午又早五分钟离开班组去吃饭，下班铃声响前的十分钟，他已准备好下班，次日也一样。高强观察了一段时间，发现杨刚缺乏时间观念，但工作效率却极佳，而且成品优良，在质管部门都能顺利通过。于是，高强对杨刚的迟到早退未置一词，只是微笑着打招呼，时间久了，杨刚反而觉得过意不去了，心想：过去的班长可能早就对我大发雷霆了，至少会斥责几句，但现在的班长毫无动静。

感到不安的杨刚，终于决定在第三周星期一准时上班，站在门口的高强看到他，便以更愉快的语气和他打招呼，然后对换上工作服的杨刚说："谢谢你今天能准时上班，我一直期待这一天，这段日子以来你的成绩很好，如果你发挥潜力，一定会得优良奖。"虽然杨刚没有立刻改掉所有的缺点，但遵守上下班时间和工作情绪方面，几乎判若两人。

4. 以褒扬的方式结束批评

不能在友好的气氛下结束的批评，不能算是真正的结束，不要在事情还没有解决之前，就暧昧地搁置下来，到后来再进行一次讨论，应该在有了结论之后即刻结束批评。你可以莞尔一笑："我知道你是信得过的人"或"我相信你能够抓住要领，请你好好干下去"，千万不要这样："我教你之后，不可以再犯错"或"我希望很快就能看到你好的表现，不然的话……"

富兰克林年轻的时候并不圆滑，但后来变得富有外交手腕，善与人应对，因而成了美国驻法大使。他的成功秘诀是："我不说别人的坏话，只说别人的好处。"

批评要留有余地，否则朋友离你越来越远

在人际关系中，出于各种原因有时我们会驳别人的面子，这种事情如处理不当，便容易得罪人，结仇家；别人有愧于你，也应该"得饶人处且饶人"，但"饶人"的表示又不能生硬；向心爱的人倾诉衷心，也

要委婉含蓄，力戒鲁莽。利用话里藏话暗示他人，是时刻离不开的奥妙技巧。

①拒绝有方。有些求人的人，由于种种原因，不好意思直接开口，喜欢用暗示来投石问路。这时你最好用暗示来拒绝。

两个打工的老乡，找到城里工作的刘某，诉说打工之艰难，一再说住店住不起，租房又没有合适的。言外之间是要借宿。

刘某听后马上暗示说："是啊，城里比不了咱们乡下，住房可紧了。就拿我来说吧，这么两间耳朵眼大的房子，住着三代人。我那上高中的儿子，没办法晚上只得睡沙发。你们大老远地来看我，不该留你们在我家好好地住上几天吗？可是做不到啊！"

两位老乡听后，就非常知趣地走开了。

②指责有术。一般说来，争辩中占有明显优势的一方，千万别把话说得过死过硬，即使对方全错，也最好以双关影射之言暗示他，迫使对方认错道歉，从而体面地结束无益的争论。

有一个机关工作人员在一家餐馆就餐时，发现汤里有一只苍蝇，不由得大动肝火。他先质问服务员，对方全然不理。后来他亲自找到餐馆老板，提出抗议："这一碗汤究竟是给苍蝇的还是给我的，请解释。"那老板只顾训斥服务员，却全然不理睬他的抗议。他只得暗示老板："对不起，请您告诉我，我该怎样对这只苍蝇的侵权行为进行起诉呢？"那老板这才意识到自己的错处，忙换来一碗汤，谦恭地说："你是我们这里最珍贵的客人！"显然，这个顾客虽理占上风，却没有对老板纠缠不休，而是借用所谓苍蝇侵权的类比之言暗示对方："只要有所道歉，我就饶恕你。"这样自然就十分幽默风趣又十分得体地化解了双方的窘迫。

③以喻止兵。在双方激烈的争论中，占理的一方如果认为说理已

无法消除歧见时，不妨采取一种外强中干的警示性言语来中止争论，结束冲突。将一个两难选择摆在对方面前，使之失去最后挣扎的基础，就有可能收到警心诚人、平息争辩的效果了。

生物学家巴斯德，一次在实验室工作时，突然一个男子闯进来，指责他诱骗了自己的老婆。争论中双方提出决斗。清白占理的巴斯德完全可以将对方赶出门去，或者奋起决斗，但是那样并不能解决问题，甚至会造成两败俱伤的恶果。这时候巴斯德沉着地说："我是无辜的……如果你非要决斗，我就有权选择武器。"对方同意了。巴斯德指着面前的两只烧杯说："你看这两只烧杯，一只有天花病毒，一只有净水。你先选择一瓶子喝掉，我再喝余下的一瓶，这该可以了吧？"那男子怔住了，他一下子陷入难解的死结面前，只得停止争论与挑战，尴尬地退出了实验室。无疑，正是巴斯德提出的柔中带刺的难题，才最终使决斗告吹。

④释义却难。做出一定的解释，借以表达自己的不满。

有一位姓冯的女士因公出差，在火车上与一位看起来挺有涵养的男士坐在一起。这位男士主动和她搭讪，冯女士觉得一个人干坐着也挺乏味的，于是就和他攀谈起来。开始时这位男士还算规矩，和冯女士只是谈谈乘车难的感受以及交流交流对当今社会上一些不合理现象的看法。可不知怎的，谈着谈着，这位男士竟然话题一转，问了冯女士一句："你结婚了吗？"冯女士一听顿生厌恶，于是她态度平和地对那位男士说："先生，我听人说过这样一句话，前半句是'对男人不能问收入'，所以我才没有问你的收入；后半句是'对女人不能问婚否'，所以你这个问题我是不能回答了！请原谅。"那位男士听冯女士这么一说，也觉得有点唐突，尴尬地笑了笑，不再说话了。我们不能不佩服冯女士的应变口才。寥寥数语，既表达了对对方失礼的不满，又没有令对方下不来台，可谓一举两得。

⑤假装糊涂。听话人听出了说话人话中有话，却装作没有听出，使对方无计可施。

例如，小亮对爸爸说："爸爸，今天小刚的爸爸带小刚出去玩了。"小亮的爸爸回答说："是呀，我知道了。"这里小亮的言外之意是想叫爸爸也带他出去玩，小亮的爸爸也听出了儿子的用意，但他故意装糊涂。

⑥暗中交心。从一个人的表情、举止等身体语言能够看出一个人的内心世界。

有默契的恋人往往能从对方的一举一动甚至一颦一笑中体察到他（她）的内心情感。当男友观看节目总喜欢滔滔不绝地发表评论时，女友可以用适当的身体语言来表示内心的不满。比如，神情专注地看电视节目表示无法分心听他的高论，或者找一本杂志来看，以转移视线表示兴趣不一，他慢慢地就会因为自己的见解没有听众就此打住。恋爱时有些感情热烈的男孩子往往难以控制自己的情感，目光或举止会有意无意地流露出某种企盼。聪明的女友该怎样对待这种过分的表示呢？大声地斥责容易伤害对方的感情；任其所为又并非己愿。那么，用愤怒的目光注视他，或者拉下面孔，做出一副冷漠的神情，定能让他知道你内心的不满，继而不敢随随便便。

综上所说，批评别人时，要留有余地，否则只能适得其反，把朋友推得离你越来越远，把成功也推得离你越来越远。

第十一章

亲疏有度，厚黑说话背后
的心理学

借助别人的力量，做自己的事

两个人结伴外出旅游，走到一处山谷里，一个人陷入了沼泽地，他越陷越深，很快地他就只有一个头露在外面了。

他的同伴听到了他的呼叫声："我就要死了！我就要死了！"同伴回头，吃了一惊，连忙转过身，说："不要急！快！快！快把手伸给我！"他向陷在泥潭里的人大声呼喊："我一定能把你救上来！"

可是那个人依然在那里狂叫："我就要死了，我就要死了！""把你的手伸给我！我就能帮你！我就会把你救上来的！"上面的人焦急而耐心地重复了一遍又一遍。

"我临死怎么还能欠你一个人情呢？你还是不要帮助我了吧！"泥沼下的人仍旧没有伸出他的手，悲惨的事情发生了，当他的同伴把这个消息带给死者的家人时，他说："如果他把他的手伸给我就好了，但是他说不想欠我人情！"

老人听后号啕大哭："他真傻啊！人活世上哪有不求人的时候呢？"

人活在世上，哪有不求人的？这也许是老人大半生的经验所得。所有人都需要别人的帮助，但是不到万不得已没有人喜欢请求别人的帮助。也许是害怕欠下人情债，有朝一日还需要自己偿还；也许是害怕别人麻烦。但是，事实上，从人性的弱点看来，人并不都厌烦别人的求助，更多的时候，他们希望能给别人帮助，在这个过程中实现自己的价值，证明自己是个重要的人。因此，你也不必独自硬撑着困难，必要的时候，轻松说出：

"可以帮帮我吗？"这非但不会损害你的人际关系，反而有利于提升你的人缘。

有这样一个故事。哥哥在城市工作，弟弟在乡下种地。哥哥收入丰厚，常常明里暗中帮助弟弟，后来弟弟凭借着勤劳和智慧创办了一家企业。当了老板的他计划万事不求人，但有一天还是忍不住对哥哥说："虽然我现在什么都不缺，但是我还是有件事要求你……我求求你，你求求我吧！我求你求我吧……"

之所以讲这个故事，只是想说明，其实每个人都渴望在帮助他人的过程中证明自己，找到一种成就感。

问问你自己，当别人向你请教某个问题，或者需要你给予帮助的时候，你的内心深处是不是激荡着欣喜和些许的得意。

"别人向我求助，一定是我身上具有某种能力，能够解决他的问题，一定是我的某些品质让他信任我。一定是我有某些潜力让他对我有所期待……"几乎每个人都会这样思考，求助实际上是对求助对象一种变相的赞美和认可。

学生请教老师，是因为老师的博学；下属遇到麻烦，转向上司，是因为上司的权力和决策能力；行人迷路求助于交警，是因为交警的热心和对路况了如指掌；当你出现意外，求助于某个朋友，是因为他有解决相关事情的能力，或者是因为他的友好和耐心……

总之，没有无缘无故的求助，任何一个求助的背后都包含着求助者对求助对象的信任、期望和认可。因此，大多数人在被要求给予帮助的时候总是愿意尽心尽力，所以，不必担心你的求助会引起别人的反感，尽管说出"你可以帮帮我吗？"这句话。只要你的要求不过分，不让对方觉得为难，别人会乐于帮助你的，甚至以帮助你为荣。

"可以帮帮我吗？"这句话把别人供奉在比你高的位置，别人自然会喜欢。被帮助的人充满了感激，帮助别人的人充满了成就感，而且在帮助的过程中，你和他为了解决同一个问题而共同努力，相互鼓励，增加了接触的机会，加深了彼此的印象，增进了双方的感情。

事实上，很多朋友都是开始于求助，发展于帮助，最后以建立深厚友谊而圆满结局的。小说中常有美女求救于英雄，"无以为报，以身相许"的情节，最后往往成就一段美好姻缘。那么无疑，必要的时候，对别人说："可以帮帮我吗？"向别人求助，自然会带给自己好人缘。

爱屋及乌，说话办事更有效

工程师看中了一处房子，希望能把它租下来，但是，据说房东很难缠，许多人试过要求降低租金，最后都失败了。但是，工程师还是想试一试，于是他约见了房东。

工程师站在门口，热情地欢迎房东到来。一开始他并不提及房租的事，只是闲聊，并表示自己非常喜欢这个房子。

"这里安静，光线也很好，您果真是有眼光，里面的装修也考虑得很周全，很有品位！"

房东听后喜滋滋的，的确，这栋房子无论是起初的选址、图纸设计，还是室内装潢，都花费了自己许多的心血。

"难得你和房子这么投缘，希望你能住得长久一些。"房东高兴地说。"我也这么想，不过……"米歇尔略微迟疑了一下，"不过我实在负担不了这么昂贵的房租，恐怕我最多只能住两个月了。"

房东见他如此热情有礼，犹豫了一下，接着说："以前几个房客总是不停地挑房子的毛病，让我很是恼火，要是他们都像你这样我就省不少心了。"最后房东主动减低租金，双方协商好彼此都能接受的价钱。

离开的时候，房东还关心地说："如果房子还需要有什么维护的地方，你尽管打电话告诉我！"

如果工程师不是从对方的房子入手恐怕他也难以达到自己的目的。在心理学上，有一个术语叫作"晕轮效应"，大致意思是对一个人有好感就可能喜欢和他有关的所有的事物和人，也比较容易接受他的观点和建议，也会觉得他所有的言行举止一切都很好。

中国有一个成语叫"爱屋及乌"，爱人者，兼其屋上之乌，喜欢一个人，就连同他屋上的乌鸦也十分喜爱，会连带地关心跟他有关系的人和物。如果不喜欢那个人，就连带着厌恶他家里的墙壁和篱笆。对一个人心存反感，看他哪里都不顺眼。

英文中也有类似的习语，love me, love my dog。意思大同小异，要是爱我就要爱我的狗。这句话听起来更像是一个调皮的姑娘对追求自己的男子狡黠地提出一个条件。语气似乎还要强硬一些，透露出主人对狗的无限骄傲。是的，如果能从爱一个人的狗开始，就能比较轻易地接近对方。而一个人会有很多"狗"，或者是那些他引以为傲的事和人，或者是那些他有浓厚兴趣的爱好，或者是他自己独有的个性、观点。

从赞美他的"狗"入手，你就能获得他的好感，再加上你的礼貌、尊重和欣赏的态度，就一定能在他心目中建立对你的好感，接下来的事情就好办多了。

一般说来，孩子喜欢别人夸奖他的玩具和他的"小作品"；恋爱中的男女比较在意别人对自己朋友的评价，也乐于和别人谈论他们喜欢的人；对于刚刚做了妈妈的女人，你夸赞孩子健康、可爱，她肯定会特别喜欢你；如果某个人的儿子学业有成，或者事业如日中天，只要你稍微提及，这位父亲肯定会将他儿子当作传记人物来讲述……

善用"爱屋及乌"的效应，能够让你轻松地获得别人的好感，关键在于如何敏锐地发现对方身边的"狗"，找出他们引以为荣和喜欢的对象。记住：爱她就先爱她的狗！

内外有别，说话办事要有尺度

在拥挤的公共汽车上，突然听到一声响亮的耳光，只见一位时髦的女郎怒目圆睁，柳眉倒竖。

"流氓！你想干什么？"女郎气愤地叫道。

"啊，你，你误会了，你裙子后面的拉锁滑下来了，我好心帮你拉上去。"男子一脸无辜，"我是一片好心啊！"

"好心也不行！"女郎更加尴尬，憋红了脸，冲男子嚷道。

"啪"，又是一声响亮的耳光。

"你还敢拉我的裙子！"女郎气得眼泪都出来了。

男子被弄得哭笑不得，又实在是委屈，迷惑不解地说："你刚才不是说好心也不让帮你拉上吗？现在我按照你的意思，把你的拉锁又拉下来，我怎么又错了！"

"你！你，你不可理喻！"女郎气得话都快说不出来。

男子在众目睽睽之下恨不得找个地缝钻下去，可就是不明白为什么自己的好意不但没有得到别人的感谢，反而还白白被人打了两耳光。

看起来这个男子确实很是委屈，但是他的这次遭遇也是"罪有应得"，谁让他忽视了人际交往中"亲疏有度，内外有别"的规则呢？"空间"是无声的，但在人际交往中，空间却是有声的，空间的远近和内外都传递着重要的信息。

天伦之乐的儿女膝下，浪漫爱情中的花前月下，新婚燕尔中的耳鬓厮磨……这些距离和空间无疑是亲密的。和闺中密友的闲谈可以"咬耳朵",可是和尊长谈话的距离无论如何都不会那么近。可见,在人与人的交往中,因为人际关系的不同,彼此间还存在一种约定俗成的距离。如果你冲破了这一约定或者习俗,很容易弄巧成拙,引起对方的不适和反感,即使你的出发点是善意的、是好心的。

一般说来,"亲必近、疏必远"就是我们既定的交往原则。想想,如果故事中的男子是那个女郎的男朋友或者丈夫或者父亲,恐怕她的态度就会大不一样。她会感激对方,认为对方细心,是在关心自己,觉得对方和自己有一定的默契……可是换了陌生人或者一般的朋友,情况就大不一样了。由此看来,"亲必近、疏必远"是人们在交友中必须遵循的一大原则。明白了这个道理,在处理人际关系时务必注意空间距离,必要的时候还可以利用这条规则扩展自己的人缘。

(1)保持距离

和普通朋友来往时,双方之间必须保持一定的距离,彼此不能贴得太近,否则别人会认为你是在套近乎,甚至会认为你有所图谋。

(2)邀请对方进入你的"个人空间"

如果你希望和某个人拉近距离,建立更加密切的联系,你可以诚恳地邀请对方进入你的"个人空间",或者是你的房间,或者是你圈子里的饭局和聚会,对方一定会感到非常高兴,因为这表示你们的关系已经有了新的突破,进入了一个新的阶段。对一些难缠的人,可以只和对方在门外或者走道里说话,这样做的效果非常明显,对方会心知肚明——你不喜欢他。

与人谈话是选择在公共场合还是在家里也会产生大不相同的感觉,前者比较正式,而后者相对要轻松许多,带有私人交往的成分,甚至显得有些私密,其中体现出来的关系深度也不一样。

(3)切勿轻易踏进对方的"私人世界"

如果对方没有邀请你进入他的房间或者他的朋友圈子，而你却擅自闯入了他的个人空间，不管怎么样，你的这种做法是会惹人讨厌的。

　　记住这条原则并身体力行，不仅是对别人的一种尊重，也是为了避免触怒对方。